RÉALISATION

d'une

COMMUNE SOCIÉTAIRE.

COSSON, IMPRIMEUR DE L'ACADÉMIE ROYALE DE MÉDECINE,
Rue Saint-Germain-des-Prés, 9.

RÉALISATION

D'UNE

COMMUNE SOCIÉTAIRE,

D'APRÈS LA THÉORIE

DE CHARLES FOURIER,

PAR

Mme GATTI DE GAMOND,

Auteur de Fourier et son système.

PARIS,
CHEZ L'AUTEUR, RUE DE LA HARPE, 81.
—
1840.

RÉALISATION

D'UNE

COMMUNE SOCIÉTAIRE.

CHAPITRE PREMIER.

DE LA VÉRITÉ.

Un obstacle funeste à toute amélioration sociale, à tout progrès réel dans l'ordre des idées, c'est le préjugé général qui fait craindre et redouter la vérité. Beaucoup la redoutent pour eux-mêmes, s'obstinent dans la routine, ferment volontairement les yeux. Il leur semble que tout examen, tout raisonnement, tout jugement spontané, va ébranler leurs croyances, faire écrouler au souffle du vrai l'échafaudage des principes moraux qui règlent leur conduite. Ceux-là sont débiles d'intelligence. Mais que dire des hommes forts, des hommes qui ont osé penser, examiner, approfondir les choses par eux-mêmes, de ces hommes comme on en a vus dans tous les temps et tous les siècles, qui, regardant la vérité comme salutaire pour un petit nombre d'intelligences privilégiées, la jugent dangereuse aux masses, au peuple, aux femmes, aux enfans, en un mot, aux faibles, et prétendent ne la leur donner qu'en doses mesurées, l'obscurcissent à dessein, l'enveloppent de voiles, en forment un mélange impur avec le mensonge et l'erreur? — Comme si la vérité qui vient de Dieu pouvait jamais être fatale; comme si elle n'était pas source de tous biens, comme si elle n'engendrait pas le vrai beau, comme si elle seule n'était pas digne d'amour et de foi!

Tous les vices, tous les crimes, tous les maux de l'humanité viennent de l'erreur; toute vérité ménagée devient mensonge. Ceux qui, par pusillanimité, nourrissent et alimentent l'erreur, sont aussi coupables que les ambitieux de toutes les époques qui la font naître pour servir à leurs desseins.

Ce préjugé fut commun à toute l'antiquité. Législation, philosophie, science, morale, religion, furent mélangées de fables, enveloppées de mystères, revêtues de triples voiles, qui n'en laissaient échapper aux yeux du vulgaire que de fausses lueurs. Les castes théocratiques et aristocratiques, se faisaient hautement un privilége des dogmes religieux et des lumières de la science; les philosophes se posaient le devoir de déguiser, de dérober la vérité, de ne l'administrer qu'en des doses tellement faibles, qu'elles n'eussent pas pouvoir de purger l'erreur dans les masses. L'antiquité était conséquente avec elle-même. Possédée tout entière du préjugé de la séparation des castes, de l'infériorité de la femme, et de la nécessité de l'esclavage, elle dut redouter toute lumière qui porterait les masses opprimées à la révolte ; elle dut employer tous les mensonges et toutes les rigueurs pour annuler dans la multitude le sentiment natif de liberté et de dignité, la tenir dans une oppression volontaire, rendre les hommes instrumens de leur propre esclavage, de leur propre abjection. Sans l'erreur, sans le mensonge, comment l'antiquité nous montrerait-elle dans toutes les contrées des milliers d'esclaves asservis au joug de quelques tyrans ? Aux Indes, la division des castes depuis les Parias jusqu'aux Brames ; en Égypte, la théocratie pesant sur la multitude et sur les rois eux-mêmes ; en Orient, le pouvoir civil et religieux réuni en un seul despote; en Grèce, le hideux esclavage à côté de la liberté effrénée; à Rome, l'insolent patriciat jetant en pâture au peuple le beau nom de république. Si ce n'était l'erreur, comment donc le despotisme, l'arbitraire, l'injustice, l'iniquité, eussent-ils gouverné le monde durant tant de siècles ? Il a fallu que du côté des opprimés, l'ignorance leur fit accepter l'oppression, en même temps que du côté des privilégiés, une science fausse leur faisait considérer la misère, l'ignorance et l'esclavage, comme justes et nécessaires chez les masses. Ce triste préjugé faisait dire à Aristote : *Si j'avais ma main pleine de vérités, je me garderais d'en laisser échapper aucune.*

Le Christ est venu d'un mot détruire tout l'échafaudage basant l'oppression et l'esclavage antique. Il a dit aux hommes : *Vous êtes égaux devant Dieu, vous êtes frères, aimez-vous, assistez-vous.* Et dans ce principe sublime la femme fut comprise. La femme considérée par toute l'antiquité, ainsi que l'esclave, comme un être inférieur par sa nature, comme un être dégradé et abject, fut réintégrée dans ses droits naturels par le christianisme : elle fut proclamée moitié intime du genre humain, égale à l'homme aux yeux de Dieu, dans la grande famille sociale. Dans la famille partielle, elle ne fut plus esclave de l'homme, mais devint sa compagne, et les devoirs furent réciproques.

Depuis dix-huit siècles que le christianisme a prolamé l'affranchissement du genre humain, et jeté les bases de l'émancipation universelle, il y a eu combat entre la vérité et le mensonge, la lumière et l'erreur, la foi et le raisonnement, la liberté d'examen et la croyance aveugle ; en un mot, la liberté et la force brutale. Toute conquête de l'intelligence a compté ses martyrs ; tout progrès chez les masses, toute chaîne rompue, toute liberté acquise, ont coûté des torrens de sang ; c'est un combat à mort entre les opprimés qui réclament les promesses du code chrétien, et les oppresseurs qui prétendent, comme les païens de l'antiquité, exploiter à souhait un peuple misérable et abruti. Il a fallu dix-huit siècles pour abolir dans quelques pays chrétiens l'esclavage et le servage, et poser en principe une sorte d'égalité devant la loi ; encore ces pays, la France, l'Angleterre, l'Allemagne, continuent à offrir le spectacle de la misère, de l'ignorance et de l'oppression des masses. La loi reconnaît aux citoyens le droit de participer au bien-être général, d'acquérir la richesse et les honneurs par le travail ; mais elle n'a pas su garantir le travail, ni répartir et distribuer les richesses selon les mérites de chacun.

Désormais, tous les esprits attentifs reconnaissent le vice de la civilisation qui, en procurant, en certaines limites, la liberté et la lumière aux masses, n'a pas su leur assurer leur part des biens sociaux. Ils s'effraient de l'inquiétude populaire, et des désirs impatiens de la multitude qui, lasse de souffrir, et commençant à ouvrir les yeux et à considérer les objets sous leur vrai jour, demande à goûter, elle aussi, un peu de repos, de bien-être et de bonheur. Ils s'effraient de l'allarme et des reproches du despotisme qui gronde et leur crie : « Eh bien! quel est le résultat de vos mots égalité, liberté, souveraineté du peuple? Qu'avez-vous fait pour les masses? A quoi servent des lumières vaines qui leur font désirer ce qu'elles ne peuvent obtenir? Où marchez-vous, si ce n'est à la destruction de tout ce qui existe, à la guerre implacable des pauvres contre les riches, au désordre, à l'anarchie, à l'échafaud? Le despotisme seul maintient l'ordre; l'esclavage et l'oppression sont des nécessités de la condition humaine! »

Ainsi s'expriment les exploiteurs des peuples. Les esprits les plus sages, les plus généreux, y prêtent une sorte d'attention; ils s'arrêtent inquiets, incertains dans leurs efforts; ils s'épouvantent d'une clarté trop vive, s'accrochent aux débris des erreurs et des préjugés, remettent en question si la science et la liberté enfantant la richesse et le bonheur, ne sont pas l'apanage de quelques uns aux dépens de tous.

C'est ainsi que les hommes les plus courageux, les plus dévoués au bien public, les plus amis du peuple, n'osent porter une main ferme à l'échafaudage du mensonge cimenté par les siècles; ils n'osent pousser la recherche de la vérité jusqu'à ses dernières limites; ils ont une religion, une morale, une politique qui est leur façon de penser particulière; ils en ont une différente pour le public, pour la masse; leurs paroles, leurs écrits, leurs actions, offrent une foule de contradictions et de réticences; ils sont toujours en peur que la lumière qui les éclaire n'aveugle autrui, que les principes qui les laissent honnêtes gens, ne pervertissent autrui, que la vérité en elle-même ne soit chose nuisible, semblable au tabernacle où Dieu seul habite, et qui frappe de mort tout sacrilége qui ose y porter la main.

Et cela parce que la société entière est basée sur l'oppression et le mensonge. Le mensonge préside à toute l'éducation morale, politique et religieuse des peuples, à commencer par la tendre enfance de chaque individu; nul n'enseigne ce qu'il croit, mais ce qu'il faut croire, ce qu'il est de la routine de croire à tel âge, dans telle classe, dans telle condition. Coutumes, usages, mœurs, tout est arbitraire et de convention. Toutes les relations sociales sont faussées; partout le mensonge et l'hypocrisie sont nécessaires, deviennent vertus. Dans la vie privée, dans les actes publics, il faut une parole diverse, un masque différent. Aucun ne saurait se soustraire à l'habitude perpétuelle du mensonge. Au milieu de ce désordre, de ce chaos, la vérité, au premier abord, paraît nuisible, destructive. Et cependant la vérité seule peut guider l'homme, lui ouvrir une voie de salut, jeter les bases d'une société nouvelle où la lumière luise pour tous, où le bonheur soit le partage de tous, où la réalisation des principes divins du christianisme, rendent inutiles et impossibles le mensonge et l'oppression.

Une telle anarchie, une telle dissidence règnent dans les idées, les opinions et les faits, qu'il semblerait que la vérité absolue soit une chimère; qu'elle n'ait qu'une existence relative à nos sens, à nos organes, à nos facultés individuelles; ou, pour mieux dire, que le vrai et le faux, confondus dans leur essence, ne se distinguent et ne varient, à nos yeux, que par le point de vue où nous sommes placés. D'où il faudrait conclure que, même dans les plus lointaines générations, nous serions destinés aux luttes, aux discordes, aux déchiremens, sans qu'il nous fût jamais donné, misérables créatures, de nous harmoniser de sentimens, d'idées, d'actions.

Mais alors, où serait Dieu? Quelle preuve aurions-nous de sa bonté, de sa justice, de sa miséricorde? Quel rapport entre de misérables créatures condamnées à un perpétuel tournoiement de pensées incohérentes, et la sagesse divine? Quel sentiment distinct aurions-nous de notre individualité et de la création, de l'ordre et du chaos, de la justice et de l'iniquité? Non, s'il n'est pas une vérité éternelle, émanation divine, révélation permanente de Dieu à la créature, aussi positive à notre intelligence, que les sons, les couleurs et les corps, sont des objets positifs à nos sens ; alors, Dieu n'existe point pour l'homme ; nous sommes plus chétifs, plus abandonnés, plus misérables, que la brute : tous les prodiges de l'industrie, tous les travaux de l'esprit sont une dérision ; le bien et le mal sont illusoires ; la raison humaine n'[a] point reçu le souffle divin ; la lumière in[tel]lectuelle n'a point jailli à la parole du Créateur.

Mais il n'en est pas ainsi ; l'athéisme seu[l] pourrait proférer ce blasphème. Nous avon[s] conscience de notre propre raison et du sen[s] commun infaillible dans l'humanité ; nous sen[ton]s la vérité en nous et hors nous, qui nou[s] fait progresser dans la vie individuelle et dan[s] les âges des nations ; en l'outrageant nous l[a] reconnaissons, en la niant nous l'adorons[;] elle forme le seul lien intellectuel et mora[l] entre les créatures, ainsi que notre seule com[]munication avec le Créateur.

Si l'anarchie des idées s'est accrue en pro[]portion, peut-on dire, des progrès et de l'in[]dépendance de la raison humaine, c'est une con[]séquence de l'oppression qui a régné sur le[s] esprits et sur les corps depuis les quelqu[es] mille ans où remonte la tradition historique[.] Les yeux long-temps fermés à la lumière n[e] supportent pas d'un coup l'éclat du jour l'esclave abruti sous sa chaîne ne dépouille pas subitement les habitudes vicieuses de l'esclavage : de même l'esprit humain, obscurci pendant des siècles par les erreurs et les préjugés, ne les abandonne que lentement, successivement, en restant par mille bouts accroché au passé. De là, cette effrayante divergence d'opinions et de systèmes ; il semble que les esprits se divisent et s'éloignent à mesure qu'ils s'éclairent ; la société reflétant ces dissentimens infinis, tiraillée, déchirée en tous sens, paraît au moment de périr dans la dissolution complète des élémens qui la composent.

Cependant le monde a déjà fait un progrès immense dans la route du vrai, par la destruction de l'erreur, la critique de la raison pure. C'est l'ouvrage des siècles passés ; le dix-huitième a presque accompli l'œuvre. Ce n'est point que les préjugés nuisibles soient entièrement déracinés, ni que la lumière luise pour tous. Mais depuis la promulgation du christianisme, depuis que les communications des peuples ont été rapprochées, l'homme est forcé de penser ; il ne lui est plus permis de s'endormir dans la routine de l'ignorance et de l'esclavage. Le despote sur son trône ne croit plus lui-même à son droit d'oppression ; les privilégiés de la terre ne croient plus à leur droit exclusif de posséder et de jouir ; la classe infime ne croit plus que son sort éternel ici-bas soit de végéter, souffrir et mourir pour le bon plaisir du petit nombre. Il n'y a point d'erreur si robuste qu'elle fût dans l'humanité, qui désormais ne soit ébranlée. Ceux-là même qui s'y retiennent, doutent en dépit de leurs efforts, ou savent que d'autres doutent, que d'autres l'ont déjà rejetée. Par cela seul, les croyances chancèlent dans leur principe qui était de croire instinctivement comme on vit, comme on respire. Des penseurs ont existé dans tous les temps, mais la masse pensante n'existe que d'hier ; trois à quatre cents ans marquent à peine l'émancipation de la pensée humaine. C'est un progrès duquel on ne saurait rétrograder, et qui différencie cette époque de tout le passé. L'homme pris individuellement, lorsque sa faculté de penser est développée, ne peut plus l'endormir; il n'est plus en son pouvoir de l'arrêter; c'est une puissance intérieure qui le domine, le maîtrise, s'active et s'alimente de tous les objets extérieurs, de toutes les combinaisons de la vie humaine, et de sa propre substance. L'homme qui a une fois pensé, pensera toute sa vie. Il en est de même des masses; la pensée, le libre examen, le sentiment de dignité, la conscience du juste et de l'injuste, en un mot, tout l'être pensant et sentant, s'est éveillé dans la multitude, et désormais nulle puissance ne pourrait empêcher son développement et sa progression. Le monde avance dans une voie certaine d'amélioration; l'anarchie des intelligences, résultat passager du débordement de la pensée humaine, appelle invinciblement l'ordre comme le chaos appelle la lumière; l'indifférence même trônant sur les débris des croyances, ainsi que le voyageur qui passe et jette un regard de profonde réflexion et de triste découragement sur les ruines des villes anciennes et des monumens détruits, l'indifférence donne lieu désormais à un examen plus libre, plus réfléchi, plus consciencieux, par le dépouillement successif des préjugés et des erreurs qui, depuis la première usurpation de l'homme sur l'homme, ont encombré l'intelligence humaine.

Comment le monde ne marcherait-il pas dans une voie régénératrice, puisque les masses, éclairées sur leur misère, et impatientes d'un meilleur avenir, d'une part sont toute-puissantes, du jour qu'elles connaissent leur force, et que d'autre part, nonobstant un égoïsme apparent, tout ce qu'il y a de bon, de grand, de généreux, d'éclairé parmi les hommes sympathisent avec le peuple, et sont prêts à soutenir sa cause au détriment de leurs intérêts purement personnels. L'ignorance de ce qui convient, de ce qu'il est bon de substituer à ce qui est, de ce qui concilie les intérêts de tous, l'ignorance du vrai, et plus encore le préjugé qui fait redouter la lumière, et laisse les esprits vaciller dans un demi-jour, telles sont les plus fortes entraves à l'émancipation complète de l'humanité; toutefois, elle marche providentiellement, entraînant les hommes par la force des choses; car ces derniers ne lui sont pas précisément nécessaires; mais il est nécessaire aux hommes de participer à l'œuvre providentielle, et d'accomplir ainsi leur mission sur la terre.

Dans les temps de doute et de déchiremens actuels, la première vertu est l'amour du vrai, la sincérité qui, seule, peut y conduire. La foi aveugle qui ne soupçonne pas même le doute, est à jamais anéantie, elle n'est plus en notre pouvoir. La raison est obscurcie par les préjugés de l'éducation, par le milieu vicieux qui nous entoure; le langage ne rend qu'insuffisamment la pensée; les passions subversives la dénaturent. Ce sont là des obstacles à la possession du vrai, à l'harmonie des esprits; mais il dépend de nous d'être francs dans nos paroles et actions, et de nous unir dans la recherche de la vérité. Il dépend de nous d'en former notre culte, de proclamer hautement ce que nous reconnaissons pour vrai, et d'en déduire les conséquences logiques pour en faire application à notre conduite et à l'œuvre sociale.

Déjà il y a un sentiment unanime pour tout ce qui touche aux principes essentiels. La croyance à un Dieu, et à quelque chose en nous qui ne périt pas, le sentiment religieux est universel. De même, il est des qualités morales, la franchise, la probité, le courage, le dévouement, qui sont reconnues comme vertus chez toutes les nations. Les principes de liberté humaine et d'égalité devant Dieu, proclamés par le Christ, appuyés par la raison, et confirmés par l'émancipation successive des races esclaves, sont adoptés de fait par tous les esprits, et ne trouvent d'opposition que les intérêts contraires. Le point où s'arrête l'accord unanime des âmes généreuses et des masses souffrantes, est dans la réalisation de ces principes.

La tiédeur et l'égoïsme se complaisant dans

les préjugés, niant le mal, repoussant toute lumière, n'acceptant de règle que la routine, forment le plus grand obstacle à la connaissance des lois divines; mieux vaut le sophisme hardi, l'imagination effrénée, qui, par leurs excès, reviennent, de lassitude et d'épuisement, à la raison qui toujours attend, et ne se précipite jamais.

La routine de l'ignorance, qui maintient indéfiniment les nations dans la misère et l'esclavage, est semblable à un sommeil de mort, qui n'enfante dans les siècles que le silence des tombeaux et la putridité des cadavres. L'activité de la pensée conduisant au dévergondage de l'esprit et aux débordemens des passions, est semblable au fleuve qui s'élance par torrens fougueux, ravage les campagnes qu'il devait arroser; mais par la progression même de son cours, se resserre dans les limites naturelles, porte fraîcheur et beauté aux contrées qu'il parcourt, et laisse partout des traces de sa fécondité.

Nos sens sont sujets à l'erreur; toutefois,

il est des vérités positives, irrécusables, communes à toutes les créatures du globe dans la perception générale des objets. De même, notre intelligence est sujette à l'erreur; mais il est des axiomes ou vérités scientifiques, positives, irrécusables. Les sciences mathématiques, dans leurs calculs invariables, ne sont sujettes ni au doute, ni à la dissidence, ni à la controverse. Pourquoi la science philosophique et sociale, la plus essentielle à notre bonheur, ne serait-elle pas susceptible de démonstrations rigoureuses, d'une certitude entière, d'une foi universelle? Dieu n'a-t-il pas donné à toutes les créatures des facultés semblables bien que graduées dans leurs développemens, pour raisonner, juger, se convaincre, aimer? Ah! croyons que la vérité enfantant le bonheur et l'harmonie, est le lot de l'humanité, en même temps qu'il est sa tâche incessante, le but de ses labeurs. Croyons que l'humanité encore en enfance, enveloppée des langes de l'erreur, est au moment de s'en dépouiller par un vigoureux effort, pour s'élancer radieuse à une nouvelle vie, où l'esprit et le corps auront définitivement brisé leurs entraves. Croyons, surtout, que lorsque la vérité paraît nuisible, c'est qu'elle reste entachée d'erreurs; c'est qu'elle n'est pas complète en théorie, ou bien poussée à ses dernières limites dans les faits. Faisons-nous tous un devoir saint de sa recherche; sachons la proclamer sans feinte, sans prétendre la voiler ni la mitiger. La vérité vient de Dieu, elle est la manifestation de son existence, le reflet de sa sagesse; prétendre l'atténuer, la dérober, est un blasphème; c'est mettre la sagesse humaine au dessus de la sagesse divine. L'accepter, la proclamer, c'est entrer dans les voies providentielles, c'est être instrument de Dieu, c'est suivre l'exemple du Christ, qui dans les temps les plus néfastes de corruption, de despotisme, et d'esclavage, jeta les bases de l'émancipation humaine et de l'association universelle.

Les génies inventeurs dans tous les siècles, les Guttemberg, les Kopernic, les Colomb, les Newton, les Fulton, ont procédé dans leurs sublimes découvertes par *le doute et l'écart absolu* de toutes les méthodes et traditions suivies jusqu'à eux. Ils ont dû, dépouillant leur esprit de tous préjugés, de toute routine, se frayer une route entièrement neuve, n'ayant de guide que la sincérité de leur croyance et l'amour passionné du vrai. Fourier a employé cette même méthode dans la recherche de nouvelles lois sociales en accord avec les lois divines qui président à toute la nature. C'est par le doute et l'écart absolu des préjugés sociaux, c'est par une foi vive en Dieu, et la certitude que le Créateur a dû vouloir le bien de sa créature, et que bonheur et vérités sont synonymes, que Fourier a jeté les bases d'une société entièrement nouvelle, réunissant le genre humain sous une loi harmonique et unitaire, et enfantant pour toutes les créatures le développement libre et complet des facultés.

La doctrine de Fourier est une large et magnifique application du principe chrétien de charité et de fraternité. Elle associe tous les hommes dans une même œuvre et dans un même amour; elle établit sur le globe l'unité rêvée depuis dix-huit siècles par le catholicisme; elle brise les chaînes qui oppriment le corps et l'âme, réalisant de la sorte l'émancipation du genre humain, *la liberté* pour chacun et pour tous, liberté vainement poursuivie par tous les peuples de l'antiquité et des âges modernes.

Fourier, comme le Christ, a compris dans la réintégration des droits naturels et divins toutes les créatures de Dieu, tous les faibles et opprimés de ce monde, l'esclave, le prolétaire, la femme, le vieillard, et jusqu'aux petits enfans. La femme et l'enfant sont les objets peut-être de sa plus touchante sollicitude. Lors même que les femmes pourraient rester indifférentes à ce qui les concerne elles-mêmes dans la théorie sociétaire, comme mères, elles devraient tomber à genoux devant le génie sublime et compatissant qui vient ouvrir une ère nouvelle de joie, de santé et d'un libre développement à toutes ces pauvres créatures aujourd'hui, peut-on dire, dans toutes les classes, si comprimées, si maladives, si torturées de corps et d'esprit.

Dans une théorie sociale qui embrasse toutes les questions et prétend toutes les résoudre, la destinée des femmes est une des parties à la fois les plus essentielles et les plus délicates. Traiter de leur condition, c'est traiter des mœurs. Il n'est point de sujet où la société actuelle manifeste de si choquantes contradictions. Elle se montre autant rigoriste dans les formes, qu'elle renferme au fond de corruption. Toute sa pruderie n'est qu'un fard d'apparat. Elle se sent si malade, qu'elle ne veut pas qu'on sonde ses plaies. Elle ne croit pas à la guérison, et ne prétend qu'à dérober la grandeur de son mal. C'est en ce point surtout qu'elle redoute la vérité, et que chacun est complice de ce perpétuel mensonge. Il est une convention tacite entre tous, soutenue par les lois, la morale et l'éducation, qu'en fait de mœurs, on ne doit pas regarder au fond des choses, mais se payer d'apparences et de faux semblans. Il paraîtrait que le monde fût d'accord pour tromper Dieu; car chacun sait qu'il ne trompe pas les hommes. Si quelque main hardie ose soulever le voile qui recouvre les infamies de tous les siècles, les turpitudes des nations, c'est comme historien, ou bien par un cynisme étrange qui tend à justifier les excès les plus honteux, à diviniser le pur instinct animal. Que de sophismes, que d'exagérations n'a-t-on pas écrits à ce sujet, surtout dans ces derniers temps! Tous les crimes, toutes les monstruosités ont été étalés et prônés en regard de cette morale factice et roidie, qui nie les faits, impose silence, et ne voit de préservatif que dans la contrainte et les châtimens. Erreur et mensonges de toutes parts! Les uns outragent la nature humaine en justifiant ses écarts; les autres blasphèment Dieu, en prétendant réformer son œuvre, comprimer, anéantir les passions.

N'est-il pas plus sage, s'attachant à la seule

vérité, de dire ce qui est, de rechercher ce qui pourrait, ce qui devrait être?

L'amour du vrai, la certitude que la vérité vient de Dieu, et que tout bien réside en toute vérité, forme la *foi* qui, désormais, peut seule sauver le monde.

Fourier, en traitant des mœurs et des femmes dans l'actualité et dans l'avenir, s'est montré aussi hardi et aussi sincère que dans les autres parties de sa doctrine. Toutefois, cette question n'est pas de la seule compétence du génie. Elle ressort essentiellement du bon sens et de la droiture des femmes. Les hommes doués de l'esprit le plus élevé, le plus impartial, sont tentés de juger les femmes d'après eux-mêmes ou bien comme étant d'une nature totalement différente. Ils ne voient guère de milieu entre une émancipation désordonnée qui les fait en quelque sorte hommes, ou bien une contrainte rigoureuse qui les force à observer leurs devoirs de femmes. Les femmes elles-mêmes partagent ce préjugé; non seulement jamais elles n'ont été franches devant le monde, jamais elles n'ont révélé leurs véritables instincts, penchans, passions, mais elles les ignorent, elles ne les ont pas approfondis, l'idée du devoir est tellement inhérente à leurs yeux à l'idée de contrainte, qu'elles n'oseraient les séparer, ni rechercher de bonne foi une autre base aux vertus spéciales de leur sexe, qu'une loi obligatoire. Le préjugé, la routine, l'ignorance, la foi aveugle, une soumission irréfléchie, leur paraissent les plus sûres garanties de sagesse et de bonne conduite. On dirait que toute lumière, toute liberté, ne peuvent les conduire qu'à la révolte, à la rébellion, à l'anarchie morale. Elles ferment les yeux à la vérité, elles se refusent à la liberté ou émancipation, comme si la vérité et la liberté venant de Dieu, pouvaient enfanter le désordre. Effectivement, celles qui secouent tout frein et se mettent en dehors de la loi générale, se proclament libres, émancipées, et se croient dans le vrai ; cependant, elles ne font que resserrer leurs liens, faire abnégation de leur dignité de femme, s'avilir, se dégrader, entrer plus avant dans la fange et la corruption du siècle. Le vrai est dans le beau, dans le bon. Si Dieu a environné d'un charme si puissant la jeune fille candide, la femme chaste, si l'amour avec ses ravissemens, et ses illusions saintes, est le piédestal de la femme, et lui assure l'empire du monde; si la liberté n'est possible à la femme que par la chasteté, par l'observance rigoureuse de ses devoirs, par le haut respect d'elle-même, que de la sorte elle imprime aux autres ; — n'est-il pas certain que la liberté pour les femmes consiste à fortifier et agrandir leur empire, par le prestige irrésistible des vertus spéciales à leur sexe, et l'accomplissement des devoirs qu'elles-mêmes s'imposent.

C'est l'esclavage de la femme, et sa dégradation, conséquence de l'esclavage, qui fait imaginer que le désordre des mœurs doive résulter de son émancipation, tandis qu'il résulte aujourd'hui de son oppression. C'est la même erreur qui ne fait présumer de l'affranchissement des masses qu'anarchie et licence. Pourquoi ? Parce que dans notre milieu social, entièrement vicieux, liberté, affranchissement sont des mots dépourvus de sens et qui n'ont point d'accomplissement possible. Proclamer la liberté, ce n'est point la donner ; prendre la vérité pour bannière, ce n'est point la révéler. Fourier nous indique des moyens certains de régénération sociale, d'un affranchissement complet, d'une liberté positive pour toutes les créatures sans exception. Mais lui-même, nonobstant son génie immense marqué d'un cachet divin, n'échappe pas au préjugé qui voit dans l'affranchissement de la femme, l'anéantissement de son charme spécial, de sa pudeur instinctive, du frein que la nature lui impose spontanément. Dans cette erreur, se trouve peut-être le plus grand obstacle à la réalisation de sa sublime découverte. On s'effraie avec raison de cette prétendue loi morale imposée à l'avenir, et qui à coup sûr, influerait sur le présent. Il appartient à toute femme, à la plus simple, à la plus ignorante, par cela seul qu'elle est femme, de protester hautement contre cette fausse émancipation qui ne serait que la prolongation de l'esclavage qu'elle subit aujourd'hui. Il leur appartient à toutes de réclamer la loi chrétienne dans l'actualité, et d'attendre que la loi d'avenir jaillisse spontanément du nouveau milieu sosial ; enfin, il leur appartient à toutes de récuser les théories arbitraires des hommes, et de rappeler que le Christ posant le principe général de réintégration et d'affranchissement de tous les opprimés, ne se donnant pour juge ni pour législateur des femmes; mais les comprenant toutes dans une même indulgence, une même protection et un même amour, la Magdeleine repentante, comme le type adorable de la Vierge mère, il leur laissa à elles-mêmes le soin de formuler la loi morale de l'avenir.

Cette question ressort d'autant plus du domaine des femmes, qu'elles ont un rôle immense à remplir dans la propagation et la réalisation du système sociétaire. Aux hommes il appartient de démontrer ; aux femmes d'attirer et de persuader. Elles seules sont capables d'enflammer les esprits, de pousser au dévouement, d'exciter l'enthousiasme; à elles surtout appartient la tâche de réunir, concilier, harmoniser, d'adoucir l'âpreté des humeurs, de faire taire les discordes en face du bien général.

Leur tâche grandira dans les commencemens de l'association; l'accomplissement de l'œuvre régénératrice dépendra entièrement de l'initiative qu'elles prendront dans la question des mœurs. Lorsque se formera le contact sociétaire, ou bien les femmes seront le plus grave sujet de perturbation; elles engendreront les jalousies, les rivalités, le trouble, le désordre; elles seront cause de scandales honteux, formant obstacle à tout progrès; ou bien, par le sentiment d'un devoir immense à remplir, elles aplaniront les difficultés, empêcheront les divisions, seront mobile principal d'ordre et d'harmonie.

Il m'a donc paru essentiel, dans cet ouvrage consacré aux moyens pratiques de réalisation, de faire appel aux femmes, et de les engager à prêter une attention sérieuse aux questions sociales dont la solution dépend d'elles en dernier ressort. Vainement on a prétendu séparer les questions de morale et d'économie politique; ces questions sont unies par un lien intime; on ne saurait réformer les mœurs, sans l'affranchissement des masses et l'éducation unitaire; l'on ne saurait augmenter la production et distribuer équitablement la richesse sociale, sans donner en même-temps aux masses l'attrait au travail et des libertés graduées jusqu'à leur affranchissement complet ; dans ces libertés les femmes sont comprises; elles ne se trouveront émancipées elles et leurs petits enfans qu'avec la masse des prolétaires; leur condition est intimement unie à celle du peuple; elles ne sauraient tenter aucun soulagement pour elles-mêmes, sans venir en aide à tous les faibles, tous les nécessiteux, tous les opprimés.

J'ai donc réuni les questions d'économie politique et d'association matérielle aux questions de mœurs et de morale. Je prends les femmes à partie dans la grande cause humanitaire que tous les esprits avancés agitent forcément; car tous participent au malaise général et doivent se demander, où marchons-nous ? dans les parties essentielles de la doctrine de Fourier auxquelles je m'attache comme à la seule voie de salut des sociétés, dans les parties de sa théorie que je repousse comme contradictoires avec les principes mêmes, dans les moyens pratiques de réalisation que j'examine et propose, dans le but immense auquel je voudrais rallier toutes les âmes généreuses, — l'éducation unitaire, — j'ai pour guide l'amour de la vérité, et la foi en la sagesse divine. Plus je vois les opinions se fractionner et les esprits divergens, plus je reste persuadée que le désir du bien, l'amour du prochain dans sa plus large acception, peut seul rallier les meilleurs parmi nous, dans une route commune. L'intelligence ne suffit pas, il faut encore l'âme, le cœur. La foi aveugle a disparu, le libre examen a engendré le doute et le désaccord ; mais les principes éternels du christianisme ont survécu à toutes les controverses; mais un génie presque divin, Fourier, est venu compléter, confirmer la loi chrétienne ; il est venu nous révéler comment les principes éternels de liberté, de justice, d'égalité devant Dieu, peuvent se réaliser sur cette terre; comment les promesses du royaume des cieux peuvent s'accomplir sur cette terre ; comment la vérité doit jaillir de l'harmonie. Rallions-nous donc dans le désir de ce bien immense dont quatre mille ans de souffrance, les paroles des prophètes, la loi divine de Moïse et du Christ, le sang des martyrs, l'intuition de tous les beaux génies, la science nouvelle apportée par Fourier, sont à la fois précurseurs et révélateurs. Réunissons-nous dans l'amour de l'humanité, dans la recherche du vrai, dans la foi en Dieu. Que les femmes participent avec confiance à cette œuvre de régénération, puisqu'elles en doivent être avec leurs petits enfans, les plus puissans mobiles, en même temps qu'elles y trouveront l'affranchissement de toutes les entraves et de tous les maux qui les ont jusqu'aujourd'hui accablées. Qu'elles y participent, puisque c'est le sentiment du devoir, la charité chrétienne, l'instinct du dévouement, le cœur et l'âme qui doivent essentiellement contribuer à l'affranchissement total de toutes les créatures humaines, faites à l'image de Dieu.

CHAPITRE II.

DES FEMMES ET DES MŒURS EN CIVILISATION.

Non seulement, dans l'état actuel, il n'est pas en notre pouvoir d'être heureux, de posséder les biens que tous ambitionnent, la richesse, la considération, la santé, la tranquillité d'esprit, mais encore il ne dépend pas de nous d'être justes, véridiques, de pratiquer la vertu. Nous restons dans l'entière dépendance de la condition où nous sommes nés, de l'éducation que nous avons reçue, des circonstances où nous nous trouvons placés, en un mot, du milieu social qui nous domine depuis la naissance jusqu'à la mort. La volonté de l'homme combat et lutte, il est vrai, mais le plus souvent sa volonté se brise, et la fatalité est la plus forte. D'ailleurs, il ne dépend pas même de l'homme que sa volonté soit éclairée. S'il est né dans un pays sauvage et barbare, ne partagera-t-il pas la rudesse de mœurs, la cruauté de ceux avec lesquels il vit. Chez les Caraïbes, il adorera les fétiches, et ornera sa cabane des crânes de ses ennemis, après s'être repu de leur sang. Les sentimens de justice et d'humanité ne pourront pas davantage se développer chez lui que les facultés artistiques ou géométriques, s'il les possédait. Socrate, Michel-Ange, Newton, s'ils fussent nés chez ces peuples, n'eussent paru que des êtres abrutis, des animaux carnassiers, sans âme ni intelligence.

Dans les pays chrétiens et civilisés, la fatalité de l'éducation et des circonstances, n'est pas moins rigoureuse. Tous, nous aurions pu naître et vivre dans la misère, l'ignorance et le vice, sans que jamais un rayon de bonheur ni de lumière fût venu adoucir notre sort, éclairer notre esprit. Nous aurions pu, enfans de parens abjects, être élevés dans leurs maximes et leurs coutumes. Même si l'on échappe à la fatalité de la naissance et de l'éducation, les circonstances peuvent encore entraîner irrésistiblement au vice et à l'infamie, nonobstant l'amour du bien et le désir d'une vie honorable. Que de séductions funestes nous entourent, comme les passions sont impérieuses, combien de fois il arrive qu'on soit partagé entre des devoirs contraires qui ne permettent plus de distinguer où est le crime, où est la vertu! Ah! dans le milieu social, préservons-nous des méchans, des vicieux, des infâmes; mais pitié, charité, indulgence pour tous; ils ont été élevés ou entraînés fatalement; c'est l'organisation sociale qui enfante toutes les fautes et toutes les erreurs.

Pour que la société fut harmoniquement constituée, ne faudrait-il pas qu'elle assurât à tous ses membres la connaissance de ses lois morales, et les moyens de les pratiquer? Ne faudrait-il pas aussi qu'elle les classât socialement selon leur capacité, en leur donnant des récompenses et des honneurs proportionnés aux services rendus, et à la pratique des vertus dont elle fait loi?

Au lieu de cette direction harmonieuse, le hasard et la fatalité président à l'éducation, au classement, et à la position sociale de chaque individu. Le grand nombre est abandonné à la misère, à l'ignorance et au vice. On recommande en principes généraux le travail et la moralité; mais on n'assure ni le travail, ni même la connaissance de ce qui constitue la moralité. Dans toutes les classes, l'accomplissement des vertus sociales est une cause de ruine plutôt que de prospérité. L'intrigue et la fourberie sont les plus sûrs moyens de parvenir aux richesses et aux honneurs; ce qui met en contradiction constante les lois, les mœurs, l'éducation, car elles donnent des préceptes qu'il est impossible de pratiquer, et bornent la vertu à l'apparence. En civilisation, le dévouement est folie, la vérité est folie, le désintéressement est folie. Au milieu du trouble, de la confusion, de l'anarchie, de la concurrence, de la lutte des intérêts et des passions, il faut que chacun tire à soi, que chacun participe à l'égoïsme, à la cupidité, à la corruption générale. Il faut que chacun y sacrifie une partie de sa nature bonne et généreuse, parce qu'il est engréné dans cette société, qu'il fait partie de ses rouages, et qu'il serait brisé, broyé, s'il ne cédait à son mouvement fatal.

Or, si dans l'ignorance d'un meilleur ordre de choses, on a pu croire que la souffrance, la misère, la servitude, fussent inhérentes à la condition humaine ; on ne peut accepter que nous soyons fatalement, à toutes les époques et chez tous les peuples, poussés au vice et au crime. Un moment, nous avons pu nous résigner au malheur, comme venant de Dieu ; mais jamais sans blasphème, nous ne pouvons nous résigner au vice et à l'infamie, comme provenant de la volonté divine. Non, à l'aspect de tant de misérables qui n'ont jamais eu le choix entre le bien et le mal, entre l'ignorance et la lumière, nous outrageons l'Être-Suprême, si nous n'avons la certitude d'un meilleur ordre de choses, où toutes les créatures recevront la lumière et la faculté du bien. De cette seule croyance, naît l'espoir d'un bonheur universel ; car l'homme ne saurait avoir la faculté du bien que dans une société harmonique, où chacun est en accord parfait avec lui-même et ses semblables.

Aujourd'hui, les femmes surtout sont victimes de l'anarchie. Plus que toute autre classe, elles restent courbées sous le poids d'une nécessité fatale, et offrent exemple de la contradiction flagrante des institutions. La société est basée sur la famille. Le pivot de la famille, c'est la femme. La garantie des liens de famille, c'est la pureté, la modestie, la chasteté de la femme. Or, la famille formant la constitution essentielle de la société, par une conséquence rigoureuse, les devoirs spéciaux aux femmes deviennent à la fois garantie des liens de famille et des liens sociaux. C'est pour sentir les terribles conséquences d'un relâchement de mœurs, que dans tous les temps et tous les pays, la religion, la morale, les lois et l'éducation, se sont unies pour prêcher la chasteté et la fidélité ; y exhorter les femmes, réprimer leurs passions, punir toute infraction à leurs devoirs par les châtimens les plus rigoureux. Si aujourd'hui, dans les pays chrétiens, la législation est moins cruelle à leur égard ; l'opinion, à la vérité, capricieuse et injuste, l'est devenue davantage ; elle s'arrête devant l'hypocrisie et l'impudence ; mais elle est sans indulgence pour un scandale involontaire ; elle tolère les écarts circonspects dans le mariage, mais elle jette l'anathème sur la malheureuse jeune fille qui, par entraînement ou ignorance, a écouté un séducteur. Les femmes sont complices de ces rigueurs et de ces contradictions. Assujéties les premières à l'opinion, elles accueillent le vice fardé, et lui font place dans leurs rangs d'honnêtes femmes ; mais elles sont inexorables et sans pitié pour l'imprudence, la passion, la fatalité. Loin de s'unir pour rectifier l'opinion, elles s'y asservissent de peur d'en être atteintes, et la flattent dans ses bizarreries les plus injustes, les plus odieuses.

Qu'ont produit dans tous les temps les rigueurs, les foudres, les châtimens des institutions humaines et divines réunies pour garantir les bonnes mœurs ? Ouvrons les pages de l'histoire, et nous verrons chez tous les peuples, et à toutes les phases sociales, le relâchement et le débordement des mœurs croître en proportion de la rigueur des lois et de la cruauté des châtimens. Toute l'antiquité nous offre la preuve de cette assertion. Les plus grands peuples périrent par la mollesse, le luxe, la licence des mœurs, l'influence des courtisanes. Le despotisme fut surtout pernicieux, en donnant exemple de tous les vices et de toutes les dépravations. On ne peut nier, sous ce rapport, que les républiques anciennes et modernes, en faisant participer les femmes à leurs principes de liberté et de dignité humaines, ne donnassent exemple de bonnes mœurs, engendrant les plus hautes vertus publiques et privées; Sparte, dans ses temps glorieux, posséda les mœurs les plus rigoureuses et les mères de famille les plus chastes qui aient existé. La Rome républicaine, qui enfanta les femmes héroïques et sut honorer leur sexe entier, fut modèle de mœurs probes et véridiques. Elle conquit le monde par ses vertus autant que par ses armes. La Rome des empereurs, proie des tyrans et des courtisanes, étala aux yeux du monde tout ce que le vice, la dépravation et le cynisme peuvent enfanter de plus monstrueux.

Sans remonter si haut, les Slaves, les Germains, les républiques du moyen-âge, où les femmes participèrent à la liberté des institutions, offrirent exemple de bonnes mœurs, en regard avec la licence et la corruption des pays despotes. Dans l'état actuel, nous voyons aux États-Unis les femmes libres et chastes, contribuer au maintien des institutions. Nous voyons régner la licence dans l'Espagne et dans l'Italie courbées sous le double despotisme civil et religieux ; nous voyons en Chine et dans la Turquie moderne, ainsi que dans tout l'Orient antique, le principe de polygamie, engendrant l'esclavage de la femme, nous montrer à la fois, dans cette dernière, la créature la plus dévergondée et la plus abrutie, et dans la nation, le peuple le plus malheureux, la société la plus vicieusement et la plus tristement organisée.

On doit en tirer la conséquence que les institutions politiques influent sur les mœurs, et que les femmes sont chastes en proportion de la liberté dont elles jouissent.

Les nations s'élèvent ou croulent selon que les mœurs s'assainissent ou se corrompent. On ne saurait annuler l'influence sociale de la femme ; toujours elle se fait sentir ; elle est nécessairement salutaire ou pernicieuse.

Jetons un coup d'œil sur les mœurs générales dans les pays chrétiens, civilisés, jouissant d'institutions libres, en France, en Angleterre : on ne peut mettre en doute que la condition des femmes et les mœurs n'y soient en progrès sur l'antiquité et les pays modernes. On doit convenir qu'en France particulièrement, les mœurs se sont infiniment améliorées depuis 89 ; il y a loin des coutumes aristocratiques et royales d'aujourd'hui avec la licence effrénée de la cour et de la noblesse sous la régence et Louis XV ; le sentiment de moralité et de convenance a dû certainement progresser dans la nation ; car il est certain que les turpitudes et les infamies de cette époque ne pourraient plus aujourd'hui se renouveler.

Osons donc examiner et approfondir les mœurs actuelles considérablement améliorées. Voyons ce qu'elles sont effectivement dans les pays chrétiens proclamant l'indépendance et la dignité de la femme, le mariage indissoluble, la fidélité entre époux. Voyons ce que sont les mœurs, et quelle est la condition des femmes dans ces pays où les principes chrétiens, dans leur rigueur d'une part et leur générosité de l'autre, sont soutenus par la morale, l'opinion, l'éducation, la législation.

Mon Dieu! la réalité des choses est triste, et il faut du courage pour oser la dire. Dans une société basée civilement et religieusement sur le mariage, où la femme n'acquiert de position sociale que par le mariage, où les enfans n'acquièrent le droit de succession que lorsqu'ils sont gages d'une union légitime, le premier spectacle qui frappe nos yeux, ce sont les deux tiers des femmes de toutes les classes sociales, qui passent leur vie dans l'isolement, en dehors des lois du mariage ; cela, non point parce qu'elles y répugnent, car le mariage est pour les femmes d'une nécessité de position si rigoureuse, que toutes, à très-peu d'exceptions près, le désirent, l'ambitionnent, mais parce que le mariage se dérobe à elles, n'est pas en leur pouvoir. Les hommes ne s'y engagent que difficilement, par la crainte des embarras, des soucis, des dépenses du ménage ; il n'est pas pour eux une nécessité de position, puisqu'ils ont généralement une existence indépendante qui ne saurait être que compromise par le mariage. Enfin il n'est pas non plus une nécessité pour remplir le vide et l'isolement de leur existence, puisque les mœurs leur offrent un ample dédommagement dans les intrigues clandestines et les unions illicites.

Le second fait qui nous frappe, et cela par une conséquence immédiate du premier, c'est peut-être un tiers des femmes de haut et bas étage, élevées dans la corruption, ou bien qui sont entraînées par l'exemple et la misère, les unes formant la classe nombreuse des grisettes, domestiques, femmes entretenues, femmes galantes, se recrutant dans toutes les classes sociales, menant publiquement une vie licencieuse et déplorable, source de corruption, de scandales, de désordres pour tous, de honte et de chagrins pour elles-mêmes; les autres, victimes et opprobre de nos institutions, dont le malheur crie vengeance et appelle anathème sur la civilisation, ce sont les malheureuses filles réduites au dernier degré d'abjection, dont le sort excite à la fois la plus haute pitié et le plus profond dégoût et dont l'existence sociale, protestation vivante contre tous les principes qui basent notre société civile et religieuse, cependant est autorisée, approuvée, organisée par les lois.

Il semblerait que chez tous les peuples antiques et modernes, chrétiens et païens, il y ait eu accord tacite parmi les hommes qui ont présidé à l'organisation sociale, pour diviser les femmes en deux classes : celles des épouses, des mères de famille, astreintes aux plus rigoureux devoirs de chasteté, d'humilité, d'obéissance, de séquestration, et la classe des courtisanes, vouées à la corruption, à la licence et aux plaisirs brutaux. Chez les païens, à Athènes, à Corinthe, Rome, Syracuse, ces femmes étaient reines, leur condition jusqu'à un certain point en accord avec les lois, les mœurs, les coutumes, la religion, était rehaussée par une sorte de respect et d'idolâtrie. La culture de l'esprit, le charme des beaux-arts, l'élégance du langage, le luxe extérieur, en faisaient de ravissantes créatures;

elles introduisirent tous les vices, furent cause de ruine et de dissolution sociale chez la plupart des peuples antiques; mais avec ces enchanteresses, le chemin rapide de la corruption était semé de fleurs; en empoisonnant les âmes, elles y jetaient l'ivresse; en tuant l'énergie, elles faisaient éclore le culte des beaux-arts. Les courtisanes de l'antiquité furent moins victimes, moins dégradées que les tristes épouses asservies et séquestrées, éloignées des fêtes et des réjouissances publiques, reléguées dans l'intérieur des gynécées, n'ayant pas même l'affection et la sympathie d'un époux pour récompense de l'accomplissement rigoureux de leurs devoirs.

Dans les sociétés modernes et chrétiennes, les courtisanes sont déchues de leur rôle brillant; elles forment la classe la plus sacrifiée. Malheureuses et abjectes créatures, dépouillées de tout charme, de tout prestige, leur lot est la plus étroite dépendance, la plus triste condition, la prison, l'hôpital, les mauvais traitemens, la honte, les larmes, le désespoir.

Attirées dans l'abîme par la misère, l'ignorance, les séductions, les provocations, elles sortent généralement des rangs du peuple, de la classe des prolétaires, des travailleurs qui donnent à la société leur sang, leur sueur, et fournissent encore l'holocauste de leurs filles jeunes et pures au monstre de la débauche, cent fois plus hideux que ces monstres fantastiques de l'antiquité, qui exigeaient en tribut les jeunes vierges les plus belles pour en repaître leur insatiable voracité.

Encore, le malheur et l'abjection de cette classe, préserve-t-elle de la corruption et de l'opprobre la classe dite des femmes honnêtes, les filles de bonne famille, les épouses légitimes? Non, la corruption s'étend à toutes les classes, les mauvaises mœurs gangrènent le corps social entier. Qu'on interroge les faits et la littérature, expression des faits sociaux ? Le fond perpétuel sur lequel roulent les romans, les drames, la poésie, les ouvrages moraux et philosophiques, ne sont-ce point les amours entravés, les combats du devoir et de la passion, la lutte du penchant et de la position sociale ; en un mot, l'amour défendu, l'amour illégitime, la séduction, l'adultère, presque toujours le devoir succombant, et la séduction plus forte que la volonté. La corruption des mœurs, c'est-à-dire leur infraction aux principes moraux et religieux, n'est pas un fait exceptionnel; mais bien un fait général se reproduisant dans toutes les classes sociales; tous les hommes y participent sciemment, volontairement, toutes les femmes passent leur vie à la repousser, à lutter, à implorer Dieu, le devoir, la raison, pour se fortifier, pour résister. Et cependant, il faut le dire, le plus grand nombre succombe, tout en gémissant et protestant.

Voilà donc le fait qu'il faut nécessairement avouer, à moins d'un aveuglement volontaire. Si les mœurs dans les pays chrétiens et civilisés sont plus fardées, plus hypocrites, plus menteuses, que dans les pays païens et mahométans, que chez les barbares et les sauvages, au fond, la dépravation est à peu près égale. Or, plus les mœurs sont hypocrites, en dehors des lois, contraires aux principes moraux et religieux, et plus elles enfantent de maux, de troubles et de désordres. Que devient la famille dans cette démoralisation générale? Que de drames intérieurs se déroulent avec des larmes, des combats, des tortures, pour arriver aux plus déplorables catastrophes. Ici, c'est un père, un frère, qui maudissent leur fille, leur sœur, et qui la vengent. Là, c'est un époux désolé, qui dévore son affront, ou bien qui le lave dans le sang. Tantôt, c'est toute l'âme comprimée pendant une longue vie, dans l'intérêt des enfans, dans la crainte d'un scandale. Tantôt le scandale est accepté au prix d'une vie ternie, des plus douloureux déchiremens, et d'un malheur sans terme. Encore l'époux, le père, le frère, peuvent-ils maudire et tirer vengeance; mais la malheureuse femme, victime des déportemens d'un époux, qui le sait aux bras d'une rivale, ou bien qui doit supporter la présence de cette dernière dans sa propre maison, qui voit la fortune et l'avenir de ses enfans en péril, ces tristes épouses dont le nombre est si grand dans toutes les classes sociales, que peuvent-elles si ce n'est gémir, se résigner, ou bien risquer d'aggraver leur sort et celui de leurs enfans, par la demande déplorable d'une séparation ? Que peuvent les jeunes filles victimes de séductions, de tyrannies odieuses, souvent au sein même de leur famille, et de la part de ceux qui leur doivent appui et protection ? Elles n'ont à réclamer près de qui que ce soit; elles ne peuvent que ployer, se courber, souffrir et mourir. Que peut même dans nos mœurs étranges une malheureuse femme, victime d'une odieuse violence? Elle a le droit d'en appeler aux tribunaux. Mais n'est-ce pas pour elle chose effroyable et déshonorante, d'aller étaler, livrer sa honte, en narrer le détail devant des hommes qui, généralement, dans notre triste civilisation, poussés par je ne saurais dire quel sentiment, recueillent les faits les plus révoltans, avec une sorte de curiosité féroce, ricanent tout bas de la victime, et achèvent de la déflorer en imagination? La femme pourra obtenir vengeance ; la rigueur des lois pourra atteindre le coupable ; mais l'infortunée n'en restera pas moins flétrie, tout son avenir sera brisé ; et bien qu'innocente, la honte et le malheur formeront son partage, et atteindront indirectement tous ceux qui lui sont unis par les liens de la famille.

Voici donc ce qu'il est vrai de poser en principe : c'est que la famille, pivot social, au lieu de paix, de concorde, d'harmonie, n'offre trop souvent que troubles, désordres, conflits d'intérêts, conflits d'affections, soupçons injurieux, doutes poignans, haine, désir de vengeance ; tous les maux, toutes les douleurs, tous les crimes, tous les scandales. C'est là le fait général du mariage et de la famille. La concorde et l'affection entre tous les membres, la fidélité réciproque des époux, la bonne conduite des enfans, l'harmonie et le bonheur, forment des exceptions, mais ne sont pas la règle. Or, de même que la démoralisation générale des mœurs, et le conflit de tous les intérêts sociaux, engendrant l'égoïsme et la cupidité, sont les causes essentielles de l'anarchie et des douleurs de la famille, par une réaction inévitable, cette même anarchie s'étend à la société entière, dont la petite famille est l'image, reflétant ainsi l'une l'autre leurs maux et leurs corruptions.

Cette peinture est-elle exagérée? Qu'on soit attentif aux causes journalières des procédures! Ce sont pour la plupart des demandes en séparation, des griefs d'héritage, des maris et femmes, des frères et sœurs, des parens et enfans, portant plainte les uns contre les autres; s'accusant, se diffamant, s'arrachant leur fortune et leur honneur par lambeaux. Et encore, que de maux qui ne sont point de la compétence des tribunaux, ou bien que les familles renferment en leur sein, machinant, intriguant, souffrant, se déchirant en silence, avec l'accord tacite de ne pas éveiller l'attention, et donner une affligeante publicité à leurs fautes et leurs débats!

Qu'on ait le courage de suivre les cours

d'assises ! Quelle effroyable dépravation et cruauté humaine ne nous révèlent-elles pas ! Je ne parle point de vols, d'assassinats, de suicides ; on les regarde comme des maux inévitables, des nécessités sociales ; on les accepte comme les geôliers, les bourreaux, les espions. Non, je parle de crimes monstrueux, hors nature, qui sembleraient ne pouvoir appartenir qu'aux sociétés les plus barbares ; *des pères et des mères qui séquestrent, torturent et outragent leurs enfans.* Et ce ne sont point des faits isolés. Les cours d'assises ne retentissent que d'outrages aux mœurs, de cruautés exercées sur des femmes et des enfans, de rapts, de viols, d'infanticides, de tous les excès, de toutes les barbaries, de toutes les monstruosités. Il semblerait qu'on remontât aux temps les plus barbares et les plus corrompus des peuples païens ; que nous fussions transportés dans la Rome dégénérée des empereurs, où le despotisme et l'esclavage, poussés aux limites les plus extrêmes, enfantèrent la plus effroyable dépravation, et les excès les plus horribles de la licence unie à la cruauté; mais non, les atrocités, les obscénités, qui remplissent la gazette des tribunaux, ont leur théâtre en France, en Angleterre, en Espagne, dans les pays civilisés et chrétiens, au sein même des capitales, sous nos yeux, tout à l'entour de nous.

Et au milieu de cette corruption, de cette dépravation générale, que deviennent les pauvres enfans, soit au sein de la famille, quand le soupçon, la discorde et l'outrage sont entre les époux; soit en dehors de la famille, en dehors des unions licites. Pauvres petits, ils sont les premières victimes de tous les désordres et de toutes les iniquités sociales. Les fautes des pères et des mères retombent entières sur eux, accablent leur présent, ruinent leur avenir. Lorsque la famille est désordonnée, les enfans sont misérables et mal élevés à coup sûr. Quand ils sont fruit d'unions illicites, de séductions viles, d'intrigues de passade, leur malheur commence à leur naissance; cause de honte, de ruine, d'opprobre pour la mère, le sentiment maternel si fécond, si puissant pour le bonheur et la moralité du genre humain, s'éteint et se dénature par la misère et le désespoir. La mère devient bourreau de son enfant; elle le tue, ou le jette dans le réceptacle des hôpitaux; si elle le garde, il est pour elle un embarras, une charge, un reproche constant. Courbée sous le poids d'une faute, en dehors des lois sociales, victime de l'injustice et de la corruption, elle n'est capable de faire de son enfant qu'un être malheureux, abruti, en dehors d'une société qui ne lui donne ni famille, ni éducation, ni moralité, ni appui, ni ressource d'aucune sorte. C'est ainsi que la corruption des mœurs, enfantant tous les maux au sein de la famille, et en dehors de la famille, les étend de génération en génération, par la mauvaise éducation des enfans, les tristes impressions, les mauvais exemples qu'ils reçoivent des dissensions domestiques; ou bien de l'isolement, de l'abandon cruel, des mauvais traitemens, de la fausse position de malheureux qui n'ont pas de famille, ne trouvent point de place faite pour eux dans la société, n'obtiennent de vivre que par un sentiment de pitié, sont livrés, abandonnés durant toute leur vie aux plus tristes chances du hasard.

Voilà la peinture vraie des mœurs dans les pays civilisés et chrétiens au XIX⁰ siècle.

Quelle est donc la cause de cette étrange dépravation? quelle en est le remède? La cause n'en appartient-elle pas aux passions? La morale et la religion ne doivent-elles pas redoubler leurs préceptes, leurs exhortations, leurs foudres, et la législation ses rigueurs et ses châtimens? Ne faut-il pas resserrer les liens de la famille par la captivité et l'oppression de la femme? Car enfin, c'est elle qui a le dépôt des bonnes mœurs, qui en est responsable, qui est coupable de leur infraction. Si les passions sont des démons déchaînés, n'est-ce point par tous les moyens de rigueur et de contrainte qu'il faut les comprimer, en arrêter l'essor et les débordemens?

Comprimer les passions! asservir et châtier la femme ! Qu'ont donc produit la contrainte et les châtimens depuis des siècles ? Toujours on accusa les passions ; ne faut-il pas plutôt accuser le milieu social qui comprime les passions, et porte empêchement à leur libre essor? Dieu même créa les passions, les fit instrument de tout développement industriel, stimulant à toutes les belles actions, source de toutes les jouissances. Les moralistes prétendent les modifier, les changer, ne leur donner essor qu'en certaines doses, en certaines limites. Qui donc peut s'arroger le droit de changer, de modifier les lois divines? Quel est le code du *sens commun*, interprète de Dieu sur la terre, qui indiquera la limite précise et la juste mesure des élans naturels ? Quelles règles président donc chez tous les peuples à la gêne des libertés, à la compression des âmes, à la servitude générale du corps et de l'esprit? Quelles règles autres que l'arbitraire, e caprice, le despotisme, enfantant précisément le désordre, la licence et la dépravation qu'elles prétendent empêcher et réprimer !

Il semblerait, au premier abord, que la passion de l'amour, la plus puissante au cœur humain, doive enfanter tous les désordres des mœurs ; et cependant joue-t-elle un grand rôle dans notre société ? L'intrigue, la galanterie, les séductions, la licence, tiennent une large place dans les mœurs et les habitudes ; mais quoi de plus rare qu'un amour vrai, une passion vive ? Lorsqu'elle se rencontre, même dans une société subversive, elle engendre la générosité des sentimens, le bonheur, le désir du bien, la compréhension du beau. Ce n'est point l'amour qui produit la plupart des liaisons honteuses, clandestines, illicites ; mais bien des causes qui lui sont entièrement étrangères. Les trois quarts des femmes, plongées dans le désordre, y sont entraînées par la misère ; elles ne se donnent point librement, mais elles se *vendent*. Ce n'est point à l'attraction qu'elles cèdent ; mais à une nécessité fatale de position. Elles s'y résignent, non pas avec joie, mais avec désespoir. Même dans les classes exemptes de misère ; c'est encore quelque nécessité fatale qui, presque toujours, entraîne les femmes au désordre et au malheur. Que l'on considère la position précaire des jeunes demoiselles, dans la classe dite moyenne, au dessus de la classe ouvrière, classe de fonctionnaires, négocians, avocats, professeurs, etc., où le sort de toute la famille dépend le plus souvent du travail et de l'existence du chef ; s'il vient à mourir, femme et enfans passent subitement de l'opulence à la misère. Comment la supporteront de jeunes filles élevées dans l'oisiveté et l'élégance ? Comment se formeront-elles au travail ? de quels travaux sont-elles capables ? quelles professions leur sont ouvertes ? C'est pour échapper à une si fâcheuse position que ces pauvres victimes acceptent pour la plupart des mariages où l'inclination et les convenances naturelles n'ont point de part. C'est ainsi qu'on voit des jeunes filles dans la fleur de leur beauté accepter des maris vieux et rebutans; on les voit, spirituelles et gracieuses, s'unir à des hommes grossiers et brutaux ; on les voit, pures de corps et d'âme, se donner à des hommes maladifs et vicieux. On les voit se charger ainsi de chaînes pesantes, honteuses, pour sortir d'une position précaire, par crainte de l'avenir, et puis aussi par isolement, ennui, vide de l'âme, amour-propre froissé, dépendance étroite ; enfin, tous les inconvéniens, toutes les sujétions de la position de demoiselle, et plus que tout le ridicule attaché au nom de vieille fille. Cependant, quel bonheur, quelle harmonie, quelles mœurs domestiques peuvent résulter de si tristes et si incohérentes unions? Aussi, on en a le spectacle parmi ces femmes si tristement sacrifiées par leur propre volonté, les unes se résignent à une vie décolorée où chaque jour rappelle la monotonie de la veille, où les sentimens s'éteignent, où les facultés s'engourdissent, où toute l'âme doit lentement mourir sous peine de souffrances, combats, lutte incessante. Les autres se révoltent contre la règle du devoir qui n'apporte ni alimens à leur besoin d'aimer et de sentir, ni soulagement à leurs souffrances, ni compensations à leurs sacrifices. Lors même qu'elles ont lutté des années, vient le moment où, perdant le fruit de leurs efforts, elles cèdent à l'amour qui vient s'offrir souriant, paré de fleurs, avec toutes les promesses de joie, de dévouement, de constance. Elles cèdent parce qu'elles aiment, ou parce qu'elles veulent secouer à tout prix le vide et la monotonie de leur existence ; ou parce que tout l'être se met en révolte contre la société entière et ses lois ; ou parce qu'enfin l'indifférence, les mauvais procédés, l'exemple d'un mari vicieux, libertin, corrompu, gâte la meilleure nature, la déprave et la pousse au vice. Elles cèdent, les malheureuses femmes, par quelqu'un de ces motifs, ou tous réunis ; mais, hélas ! il est trop vrai, pour ne trouver dans l'infraction du devoir, de l'ordre, qu'une douleur, une déception plus vive et plus amère. L'amant venge le mari par l'ingratitude, l'abandon ; la société, complice de tous les désordres, en même temps s'en fait juge, et lance son anathème ; la famille, dont tous les liens se rattachent à la femme, fille, mère et épouse, se dissout par son inconduite ; le mari perd confiance et estime, et achève de s'égarer; les enfans cessent de respecter leurs parens, et marchent dans les mauvaises voies : la malheureuse mère, s'accusant de tous ces maux, souffre à la fois de l'abandon de l'amant, du mépris de l'époux, de la sévérité de l'opinion, des fautes de ses enfans. Elle souffre par tous les endroits dont un cœur peut être blessé ; elle demande à Dieu comment dans sa sagesse il a pu condamner de pauvres créatures à toujours combattre, toujours douter, et souffrir également du vide du cœur ou des affections, de l'isolement social ou des liens de famille, de l'accomplissement rigoureux du devoir, et plus encore de son infraction.

On le voit, la question des mœurs est intimement unie à celle de l'économie sociale. La misère, la privation de dot, le défaut de profession pour les femmes; la pauvreté, la difficulté et la longueur d'une carrière pour les hommes ; les tracasseries, les embarras, les charges de la famille : voilà les véritables causes, engendrant d'une part les difficultés du mariage, les unions dépourvues de sympathie et de convenances; et, d'autre part, le célibat pour l'un et l'autre sexe, et les désordres de mœurs qu'il engendre nécessairement. Une société, basée sur le mariage et la famille, devrait donc assurer à tous ses membres, dès le berceau, l'éducation morale, l'apprentissage de plusieurs métiers, le droit au travail, une dot, l'aisance nécessaire pour se marier jeunes, se mettre en ménage, élever ses enfans; elle devrait assurer l'éducation, et l'aisance aux femmes comme aux hommes, afin que dans le choix d'un époux, elles pussent ne consulter que leur inclination. Alors seulement, la société pourrait se dire basée sur le mariage et la famille; elle aurait donné des garanties aux bonnes mœurs, elle serait conséquente dans ses lois et ses institutions; tandis qu'aujourd'hui l'économie sociale est arrangée de telle sorte, que le mariage est une imprudence ou même une impossibilité pour le plus grand nombre, et le désordre des mœurs, une conséquence inévitable de la misère et du célibat.

Or, il est évident que la civilisation, dans son état de morcellement, d'anarchie et d'incohérence, ne possède point les moyens d'assurer l'existence à tous ses membres, de répartir équitablement ses richesses. Qu'importe que la terre produise déjà suffisamment pour tous, et l'industrie surabondamment; qu'importe que des perfectionnemens dans les machines et les méthodes agricoles et industrielles viennent chaque jour augmenter les produits, si les travailleurs, les producteurs ne sont pas appelés à y participer; si la misère de la classe la plus nombreuse croît en proportion de l'opulence du petit nombre; si l'existence devient plus précaire et plus difficile pour toutes les classes en mesure du mouvement de la civilisation et des progrès qu'il enfante? Ce déséquilibre d'un milieu social faux et vicieux dans sa base, ne saurait s'arrêter que par une transformation radicale de ce qui existe.

Les économistes comprennent si bien l'état désespéré de la civilisation, et son impuissance totale à se guérir par ses propres ressources, que celui qui a poussé leurs doctrines à leurs dernières conséquences, Malthus a démontré que la population s'accroissant en proportion de la misère, et cette dernière en proportion des progrès de l'industrie, il est immanquable que les sociétés, en suivant la pente où elles sont engagées fatalement, n'en viennent à un tel surcroît de population, qu'il ne restera plus aux pauvres qu'à s'entr'égorger. Malthus conclut qu'il n'y a de moyen d'arrêter cet accroissement menaçant de population, que de porter empêchement au mariage dans la classe prolétaire, ou bien d'étouffer au berceau les enfans qui menacent de devenir une charge sociale.

On frémit à cette conclusion. Pourtant elle est d'une logique rigoureuse. Mieux vaut étouffer les enfans à leur naissance, que de les laisser dépérir lentement, faute de soins et de nourriture, ou d'en faire des ennemis nés de l'ordre social par le manque de lumières, et la convoitise perpétuelle de biens auxquels ils ne peuvent jamais atteindre. C'est précisément cette conséquence atrocement logique qui démontre qu'un ordre social aussi effroyable ne vient pas de Dieu, n'est point la destinée providentielle de l'humanité.

Lors même que la société trouverait moyen de centupler ses richesses, et de les répartir équitablement, cette richesse ne serait pas encore suffisante aux dépenses énormes, au salaire des domestiques et mercenaires, à la déperdition et au gaspillage, qu'entraîne le ménage morcelé. D'ailleurs, si l'aisance et l'éducation devenaient le partage de tous, aucun individu ne voudrait plus se prêter à la domesticité. D'autre part, la domesticité, dans son état précaire et son célibat forcé, est une porte que vous ouvrez inévitablement à la corruption et aux mauvaises mœurs.

Toutes ces difficultés sont insolubles dans l'état actuel. Aussi, le législateur, l'économiste, le moraliste, le père de famille, tous les interprètes des lois sociales, ceux qui les prônent ou les appliquent, ne cherchent point à sortir de cet amas de contradictions, mais bien à se les dissimuler à eux-mêmes. Ils s'étourdissent par les mots, équilibre, contre-poids, progrès social, charte, constitution, égalité devant la loi, principes moraux, bonnes mœurs, devoirs de la famille, satisfaction de la conscience, récompenses attachées à la vertu ; cependant, qu'ils regardent au fond des choses, ils reconnaîtront que la masse de la population, dans l'état actuel, est vouée sans remède et sans espoir à la misère, à l'ignorance, aux mauvaises mœurs, à toutes les douleurs et à tous les vices. Devons-nous croire que la misère et la corruption soient inhérentes à la nature humaine, et que Dieu ait voulu qu'il y eût toujours des criminels et des malheureux !

Si nous jetons un regard sur la terre, nous la voyons d'une fécondité inépuisable, déserte aux trois quarts, se prêter à une immense surcroit de population, appeler le bras des hommes, et leur offrir ses trésors. Si nous sondons notre propre cœur, nous sentons un désir infini de joie, de bonheur, de vertu ; nous avons la croyance d'un Dieu juste et bon qui n'a pu nous donner ce besoin que pour y satisfaire ; nous comprenons que tous les biens de cette terre, et les facultés que Dieu nous a départies pour nous les approprier et en jouir, devraient être source d'une intarissable félicité.

C'est parce qu'il a eu foi en la justice divine, que Fourier a posé *à priori* le principe : *les destinées sont proportionnelles aux attractions*, certain que le Créateur, en donnant à la créature l'idée et le besoin de l'ordre et de la justice, a dû leur en préparer les voies. Il nous les a révélées dans son magnifique système d'association, engendrant l'harmonie et l'unité par la fondation d'une commune sociétaire, dont les lois sociales soient conformes aux lois divines.

Avant de passer plus loin, et de traiter des devoirs des femmes dans les temps de transition, il est nécessaire d'embrasser d'un coup d'œil rapide l'ensemble du système sociétaire, et de déterminer les bases de réalisation. C'est aux femmes essentiellement que je m'adresse et fais appel. Je leur dis.

Vous souffrez, si ce n'est dans votre individualité, vous souffrez dans votre sexe entier, humilié, abaissé, dégradé, soumis à de fatales nécessités. Vous souffrez dans la malheureuse fille du peuple, livrée à l'infâmie avant d'avoir eu conscience d'elle-même, et devenue l'être le plus misérable et le plus abject qui existe. Vous souffrez dans toutes ces femmes de prolétaires, vivant au jour le jour, entourées d'enfans hâves et chétifs, sans être jamais sûres du pain du lendemain ; malheureuses créatures, auxquelles toutes joies, toutes consolations, sont à jamais déniées, qui travaillent sans relâche, usent prématurément leurs forces, et ne supportent l'existence que par l'abrutissement. Vous souffrez dans cette foule de jeunes filles, que la privation d'une dot condamne au plus triste isolement, qui se fanent et meurent dans des souffrances ignorées, ou bien qui, victimes d'une séduction, sont mises au ban de la société, et paient un moment d'entraînement par l'humiliation et le désespoir d'une vie entière. Vous souffrez dans ces tristes épouses qui ont accepté des nœuds où les sympathies et les convenances naturelles n'ont pas été consultées; dans celles qui passent de longs jours de douleurs et d'ennuis, sans qu'aucun rayon d'amour et de bonheur vienne échauffer les glaces de leur âme; et dans celles-là aussi qui, ne pouvant supporter l'isolement du cœur et le vide de l'existence, se mettent en rébellion ouverte avec les lois sociales et l'opinion, ou condamnent leur vie à une feinte constante, à un perpétuel mensonge. Femmes, vous souffrez dans toutes les mères qui souffrent; et quelles sont les mères qui ne souffrent pas? Vous souffrez dans tous ces pauvres petits enfans négligés, abandonnés, maltraités, tyrannisés, orphélins. Vous souffrez dans tous les malheureux, dans ces masses de travailleurs, hommes, femmes, enfans, qui passent leur vie dans la douleur et le travail, et ne connaissent presque aucune des joies de ce monde. Vous souffrez parce que vos entrailles de femmes vous rendent compatissantes, et parce que l'instinct vous avertit que, quel que soit votre rang et votre position comme femmes, vous souffrez dans le peuple, avec le peuple, et que votre destinée de femme est étroitement unie avec celle des masses, des travailleurs. La misère enfante la corruption des mœurs, et la corruption des mœurs gangrène tout le corps social, et dégrade notre sexe entier. Aussi long-temps qu'il y aura des femmes à corrompre, à séduire, à acheter, par suite de misère et d'abrutissement, toutes resteront courbées sous un joug fatal; toutes, sans exception, devront faire quelque sacrifice de leur dignité, et accepter leur part d'humiliations et de douleurs. Cette influence inévitable des douleurs du prolétaire sur les mœurs générales, explique comment, en tout temps et en tout pays, la femme, être social, fut esclave, abrutie et corrompue, en proportion de la misère et de l'esclavage des masses. Les femmes portent en elles les destinées de l'humanité ; elles doivent être victimes de toutes les iniquités sociales, parce qu'elles sont solidaires de tous les maux par le seul crime de l'indifférence ; leur mission à toutes est d'accélérer la chute du monde ou bien de le sauver.

Si donc vous comprenez les douleurs de votre sexe entier, si vous compatissez aux maux des tristes familles prolétaires ; si vous restez convaincues que l'ordre actuel ne renferme que contradictions et impossibilités : femmes, prêtez l'oreille au génie bienfaiteur qui a découvert une nouvelle organisation où nous pouvons entrer immédiatement sans secousses, sans désordres, sans nuire à qui que ce soit, ni froisser aucun intérêt. Écoutez ce génie qui vous démontre mathématiquement que dans ce nouvel ordre sociétaire, où la famille et la propriété trouveront des garanties aujourd'hui inconnues, la misère, l'oppression, l'ignorance, tous les maux seront subitement détruits pour faire place à l'aisance, au luxe général, à l'éducation unitaire, au libre déploiement des facultés. Écoutez ce génie qui étend une large protection sur les souffrans, les faibles, les malades, les infirmes, les femmes, les enfans, les vieillards; qui ne laisse plus aucun être humain isolé et privé de secours; qui détruit toute corruption et tout mensonge, et greffe les bonnes mœurs sur les relations véridiques; qui donne aux femmes, et aux petits enfans, et aux masses de travailleurs, à tous les êtres aujourd'hui comprimés, l'émancipation réelle, c'est-à-dire le libre essor de leurs facultés, le classement social selon leurs mérites; écoutez le génie sublime qui révèle au monde l'unité sociale, et harmonise l'homme avec lui-même, avec l'univers, avec Dieu.

Cessez de vous effaroucher au mot émancipation, et craindre qu'innover au sujet des mœurs actuelles ne soit les altérer. Bon Dieu! considérons plutôt que la corruption des mœurs est telle qu'on ne saurait que les améliorer ; cette corruption est d'autant plus fatale qu'aucune croyance forte et généreuse ne la contrebalance; considérons que nous, femmes, toutes nous en sommes atteintes et souillées indirectement; qu'il n'est pas en notre pouvoir de nous dérober à des images qui nous révoltent, à la connaissance de faits qui nous dégradent, si ce n'est en nous, dans notre sexe entier. Avouons que si chacune de nous espère se sauver du naufrage commun, nous avons à déplorer la fragilité, la perte, la ruine d'autrui; songez surtout, mères, que, pures et vertueuses quant à vous, vous ne savez rien cependant de l'avenir de votre enfant; et que, quelque soin que vous preniez de sa candeur, de son innocence, de sa pureté, force vous sera de la livrer un jour à un monde corrupteur, où tout sera piéges, difficultés, obstacles, doutes, incertitudes.

L'émancipation que vous promet l'ordre sociétaire, c'est l'indépendance de fortune et de position sociale, pour les femmes de toutes les classes, et par conséquent la faculté de ne jamais se vendre, ni se donner contre son inclination. C'est un milieu social où il appartiendra à toute femme d'être vraie, de se montrer telle que Dieu et la nature l'ont voulue ; de n'avoir à faire aucun sacrifice de sa dignité, du sentiment exquis de pudeur, de délicatesse, de pureté, qui l'entoure comme d'une auréole sainte, lui prêtant un pouvoir et un charme qui l'égalisent à l'homme, en faisant ployer ce dernier devant elle, par l'effet magique du véritable amour.

Étudiez donc les conditions du nouvel état social ; songez que votre influence comme femme, tout affaiblie et éteinte qu'elle soit, reste telle par la nature des choses, que les femmes seules peuvent amener la réalisation de l'ordre sociétaire, et que ce sont elles essentiellement avec leurs petits enfans, qui auront puissance de transformer le monde, et deviendront gages de concorde et d'harmonie.

CHAPITRE III.

DE LA FAMILLE ET DE LA PROPRIÉTÉ.

L'instinct de propriété est naturel à l'homme et aux peuples. Il est la base des liens sociaux, comme l'instinct de conservation. On s'associe pour préserver son champ, son troupeau, comme pour garantir sa propre existence. L'instinct de propriété existe dans l'enfant et chez les peuplades sauvages. Il va toujours se développant chez l'homme et chez les nations, à mesure qu'elles grandissent, et que leurs forces augmentent. Cet instinct comme celui de conservation, naturel, nécessaire, venant de Dieu même, comme tous les instincts, a engendré les choses les meilleures ou les plus nuisibles, selon que son essor a été harmonieux ou subversif, providentiel ou en déviation des lois divines?

L'amour de la famille se confond étroitement avec l'instinct de propriété. On veut avoir à soi sa femme et ses enfans, comme sa cabane, son champ, ses ustensiles, et le produit de son travail. On se sent revivre dans son enfant, qui est soi, la propriété la plus chère et la plus intime; on ne pense pas se dessaisir de ses biens, ni mourir en entier en lui laissant son héritage. De cet instinct fondamental, est dérivée la constitution de toutes les sociétés, à tous les degrés de sauvagerie, barbarie, civilisation. Toutes ont été basées sur la propriété et la famille. Ces deux institutions, offrant des nuances infinies dans tous les temps et tous les pays, et recevant partout, constamment, de nouvelles modifications, toutefois restent élémens constitutifs de toutes les sociétés. Elles sont à la fois besoin du cœur humain, et tellement inhérentes à la nature des choses, qu'on ne saurait même concevoir une société qui ne reposerait pas entièrement sur la propriété et la famille. Toutes les dispositions législatives sont relatives à la famille et à la propriété. Hors elles, les lois n'ont plus de signification, car la société se dissout et cesse d'exister.

Dès-lors, dans toute théorie sociale, il ne peut jamais être raisonnablement question d'abolir *la famille et la propriété*, puisque la plus simple réflexion démontre qu'aucune société n'est possible sans ces deux élémens. Dans les modifications les plus extrêmes de la propriété et de la famille, les plus spartiates, les plus platoniciennes, les plus idéales, encore faut-il les conserver, et l'on pourrait porter le défi de promulguer un code dont toutes les dispositions ne concerneraient pas la propriété et la famille, même lorsqu'elles auraient pour but de les effacer, de les anéantir.

S'il est des utopistes assez vagues pour prétendre à l'abolition de la propriété et de la famille, d'autre part il est des intelligences assez pusillanimes pour considérer comme une sorte d'attentat, de monstruosité, toute tentative d'amélioration à ces deux élémens constitutifs des sociétés.

Et cependant, dans tous les temps et tous les pays, ils ont constamment subi des modifications et des transformations, soit par la volonté expresse du législateur, soit par la force des circonstances. Aujourd'hui encore la constitution de la famille et de la propriété présente des différences notables même dans les pays où les mœurs et la législation offrent au premier abord le plus de similitude. Nous voyons le droit d'aînesse conservé en Angleterre, aboli en France; une sorte de féodalité en Autriche, l'esclavage en Pologne et en Russie, le partage des terres chez les Cosaques. Nous voyons la polygamie en Turquie, le mariage exclusif et indissoluble en France, le mariage avec le divorce en Angleterre et en Belgique. Toutes nuances qui établissent des modifications essentielles à la constitution de la propriété et de la famille.

Ces élémens doivent se modifier avec le temps. Il n'est pas de puissance humaine qui puisse empêcher leur développement. On peut donc se poser les questions : Faut-il abandonner les modifications sociales au hasard, c'est-à-dire attendre que les temps soient tellement mûrs, qu'elles s'opèrent forcément par bouleversemens ou révolutions, ou bien les prévenir en prenant l'initiative des sages réformes?

La réponse n'est pas douteuse. Il ne faut qu'avoir la conviction de l'efficacité des réformes.

Les révolutions ont pour but des modifications gouvernementales ou sociales.

Les modifications purement gouvernementales ne peuvent guère aboutir à des résultats positifs; elles laissent les peuples dans l'état de malaise où elles viennent les chercher.

Les modifications sociales atteignent à coup

sur la famille et la propriété, et métamorphosent une nation.

La nation française a subi une immense transformation sociale en 89, lors de son passage des restes de féodalité à une constitution nouvelle. Cette transformation s'est opérée par des moyens d'autant plus violens, que l'impérieuse nécessité des temps l'a accomplie, et que les hommes, entraînés eux-mêmes par cette nécessité, au lieu d'être directeurs, n'ont été qu'instrumens.

L'Angleterre est aujourd'hui en danger d'une transformation également violente et sanglante.

L'Angletere et la France, les pays les plus avancés de l'Europe, sont en même temps les pays les plus menacés de nouveaux bouleversemens, par l'inquiétude et le malaise toujours croissant des populations.

En voici la raison :

Tous les pays civilisés ont passé par diverses phases sociales modifiant la propriété. Ces phases ne se succèdent pas précisément, mais toutes ont leur temps dans les sociétés qui, jeunes de fait, aujourd'hui nous paraissent mûres et vieillies.

C'est d'abord la *sauvagerie*, où la propriété et la famille n'existent qu'en faibles germes; puis la *barbarie* où rien n'est fixé, où tous les élémens sociaux restent flottans; puis le *patriarcat* où la propriété se constitue sous la loi arbitraire du chef de la famille; enfin la *civilisation* même, où la propriété se modifie d'après ses différens caractères. Nous avons d'abord le despotisme où toutes les vies et toutes les fortunes sont abandonnées au caprice du souverain. La féodalité tient le milieu entre l'absolutisme du despote, et l'absolutisme du patriarche; elle est représentée par une foule de petits despotes; dans cet état de choses, les propriétés vont toujours s'agrandissant par les usurpations. Les villes républicaines s'élèvent spontanément à côté des manoirs féodaux; elles renferment dans leur sein le principe de morcellement et de liberté individuelle qui rivalise et lutte victorieusement avec le principe d'esclavage et d'exploitation. A mesure que ce dernier principe s'affaisse et meurt, le principe de liberté individuelle va s'agrandissant, enfantant d'une part une foule de droits nouveaux, et de garanties à la propriété, à la condition civile de la femme et des enfans, favorisant à un haut degré le développement de l'industrie; mais, d'autre part, poussant à leur dernière limite le morcellement des propriétés, la lutte des intérêts, l'isolement des familles, l'incohérence et l'anarchie de tous les faits sociaux.

Voilà où en sont aujourd'hui les pays civilisés de l'Europe, particulièrement la France et l'Angleterre. Plus elles ont acquis en libertés de tous genres, en extension de lumières, en développement industriel, et plus les populations sont dans un état de souffrance, plus la machine sociale paraît prête à se détraquer.

La théorie de Fourier est une transformation successive et radicale de la propriété et de la famille, elle les assied sur des bases toutes neuves; toutefois, loin de les ébranler, de les détruire, elle les affermit et les entoure de puissantes garanties dont elles sont dépourvues dans l'état actuel.

Cette théorie diffère essentiellement de toutes les réformes politiques, en ce que ces dernières exigent une révision de constitution et de législation; tandis que le système sociétaire purement social, prenant les élémens de ce qui est, sans prétendre y rien changer directement, n'a pas besoin de s'étayer de nouvelles dispositions législatives; elle va au cœur même des choses, remonte à la source des maux, et sans secousses, sans bouleversemens, sans léser aucun intérêt, transforme tout ce qui existe au profit de tous.

Nous avons vu que la famille, base pivotale des sociétés, n'engendre le plus souvent que douleurs et discordes. J'en ai attribué la cause essentiellement à la misère de la classe la plus nombreuse. J'ai fait voir que la corruption des mœurs coule dans le corps social de haut en bas, pour remonter par une conséquence nécessaire de bas en haut. C'est comme une peste contagieuse qui est dans l'air, et dont nul ne peut se garantir. La corruption des mœurs gangrène l'institution de la famille, sans que le législateur puisse y apporter aucun remède. Les efforts du moraliste y échouent également. C'est une question qui ressort avant tout de l'économie sociale. Si vous voulez arracher les trois quarts de la société à la licence et au désordre, étendre et affermir les liens de famille, donnez d'abord une existence assurée à tous, aux enfans comme aux vieillards, aux femmes comme aux hommes, dans toutes les classes, en commençant par les plus infimes jusqu'aux plus élevées.

La propriété dans l'état actuel n'a pas plus de garanties que la famille, ou, pour mieux dire, elle se ressent des mêmes causes de dissolution. D'une part, les deux tiers des populations ne possèdent aucune chose au monde, vivent au jour le jour dans l'incertitude du lendemain, et n'ont pas même le droit au travail. D'autre part, dans toutes les classes sociales, chacun est plus ou moins dans un état précaire, sans avoir la certitude de conserver ce qu'il possède. Jetez un coup d'œil rapide sur toutes les professions; voyez la masse des employés attachés, comme à la glèbe, à un travail pénible et journalier, se contentant, pour la plupart, d'appointemens médiocres avec la crainte perpétuelle de perdre leur place, leur unique gagne-pain, et ayant l'affreuse perspective de laisser à leur mort femme et enfans sans ressources. Voyez les professions en un sens indépendantes, celles du médecin, de l'avocat, de l'artiste, du littérateur, etc., ils vivent dans la concurrence, dans l'inquiétude, dans l'angoisse de la clientelle, de la commande. Pour un qui a de la vogue, cent languissent et végètent. Tout est précaire, tout est incertain dans leur carrière; il ne faut qu'un caprice du public, ou bien un échec, un nouveau nom en vogue, une révolution, une disette, quelque calamité publique, pour leur ravir subitement leurs moyens d'existence. Enfin, voyez l'industrie, le commerce, l'agriculture; fabricans, négocians, fermiers, tous en concurrence, en guerre, sont dans la crainte de ne pas trouver de débit à leurs produits, à leurs marchandises, d'être ruinés par une baisse de prix, l'invention d'une machine, une compagnie actionnaire, ou bien d'être entraînés dans la ruine d'autrui, et de subir eux-mêmes par la fatalité des circonstances, la honte et le désastre d'une faillite. Pour tout ce qui est travail, talens, produits, soit matériels, soit intellectuels, il n'est donc aucune garantie positive ; personne n'est sûr ni de la valeur, ni de la conservation de ce qu'il possède, ni de ses moyens de subsistance pour le lendemain.

La seule propriété réelle aujourd'hui est celle du capital; encore est-elle entourée d'inquiétudes et de dangers. S'il est difficile de gagner de l'argent, il est presque aussi difficile de le bien placer, de le conserver. La première cause, c'est que l'intérêt qu'on en retire est en raison inverse de la solidité du placement. Le bien-fonds, une première hypothèque, les rentes sur l'état, sont des propriétés ou placemens de capitaux solides et garantis, mais qui ne rapportent guère que trois ou quatre pour cent; tandis qu'un placement dans l'industrie ou dans le commerce, est à la vérité précaire, entouré de dangers, mais rapporte un taux beaucoup plus élevé, et donne chance de fortunes subites et colossales. De sorte que les capitaux se portent de préférence vers l'industrie, le commerce et l'agiotage, au grand détriment de l'agriculture qui languit, écrasée par la prédominance de l'industrie; d'autre part, cette dernière, par l'affluence même des capitaux, par la concurrence et la surabondance des produits, se trouve étranglée, étouffée, faute de débouchés suffisans. La masse des capitaux placés dans l'industrie, n'est donc point une propriété garantie. Nous dirons même que le bien-fonds, sujet aux grêles, aux dévastations, aux incendies, aux confiscations, n'est point garanti; nous dirons que les rentes sur l'état, ainsi que nous en avons l'exemple récent en Espagne, ne sont pas entièrement garanties; l'hypothèque même est entourée de dangers. D'où je conclus que le principe de propriété, prôné avec raison comme base de tout l'échafaudage social, reste flottant, chancelant, n'a aucune solidité dans l'état actuel; la propriété est fictive et non point réelle; nous subissons tous plus ou moins la crainte de perdre notre gagne-pain ou notre fortune, de nous voir arracher nos moyens d'existence pour nous et pour nos enfans.

Ajoutons à cette perplexité, l'inquiétude et le tourment perpétuel d'être trompés, dupés, exploités, volés, non seulement par les voleurs de profession, mais par tout ce qui nous entoure, domestiques, gens d'affaires, marchands, etc., et qui tous semblent ligués contre notre bourse, parce qu'ils y sont entraînés par l'exemple, la corruption générale, une sorte de nécessité; l'exacte probité est un fait nuisible et exceptionnel, chacun trouvant son intérêt dans la fraude et dans l'injustice.

C'est la conséquence fatale de cet état de chose. Non seulement nous n'avons point de garantie à nos propriétés, à nos moyens de subsistance, mais nous sommes à la fois complices et victimes des iniquités sociales. Dans toutes les professions, que chacun mette la main sur la conscience, et dise s'il ne doit pas faire journellement des sacrifices de délicatesse et de probité, pour n'être pas en désaccord avec tout ce qui est : le marchand falsifie sa marchandise ; le fabricant est dur, inhumain pour l'ouvrier, il baisse son salaire, il le jette sans ressources sur le pavé ; l'avocat accepte les mauvaises causes; le médecin tue par esprit de système ; tout ce qui tient aux administrations gouvernementales abdique la liberté de penser; le littérateur, l'artiste, le savant, ne peuvent s'abstenir de rivalités, haines, jalousies ; ils se voient forcés à faire de leur plume, de leur art, de leur science, le plus triste trafic. Le paysan, le fermier, exploité, harcelé par le propriétaire, trompe et ment, par coutume, par nécessité. La classe ouvrière, abrutie, abîmée par l'excès du travail et de la misère, ne cherche qu'à dérober son temps au maître, à chômer dans l'atelier, et pour se distraire de ses maux, achève de ruiner sa santé par l'usage immodéré des boissons.

Dans cette triste société, la propriété est un mot, la famille est un mot, la vertu, le devoir, la probité sont des mots. Les propriétaires aisés, les familles unies, les hommes probes, justes et véridiques, sont des exceptions privilégiées. Or, Dieu qui a mis en nous l'instinct, le besoin de la propriété, des liens de famille, de la justice, de l'ordre, de la vérité, a dû nous donner les moyens de les posséder sur cette terre.

Le mal social dérive entièrement de la lutte, de la division des intérêts.

Chaque famille, chaque individu reste isolé, abandonné à ses propres forces; tout ce qui compose la richesse générale, la propriété, n'offre à l'œil que le morcellement le plus extrême, la confusion, le chaos. La terre, l'industrie, les arts, produisent amplement pour les besoins et les jouissances de tous; mais personne ne s'entend, chacun tire à soi, il n'y a point d'organisation générale du travail, ni d'administration unitaire, ni de répartition équitable, ni de distribution régulière possible. La terre est en partie déserte, dépeuplée, ou bien abandonnée aux barbares et aux sauvages. Même dans les pays civilisés où la population regorge, en France, en Angleterre, on voit de vastes terrains en friche, qui n'attendent que le bras du cultivateur pour devenir fertiles. Dans ces mêmes pays, l'industrie amoncèle des populations au sein des villes, tandis que les campagnes les plus riantes, ornées des plus beaux sites, n'offrent que de misérables villages, et quelques habitations seigneuriales éparses çà et là. Dans les villes, la population se presse, s'étouffe, s'empoisonne de ses propres miasmes. Dans les campagnes, on ne voit que solitude et une population clairsemée. Dans les villes, la misère la plus affreuse est à côté de l'opulence et du luxe. Dans les campagnes, la misère est partout. Dieu a-t-il pu vouloir que les populations, les demeures des hommes et leurs richesses fussent ainsi réparties dans ce désordre et cette confusion, tandis que la création entière nous offre un spectacle si admirable d'ordre et d'harmonie, et d'exacte répartition dans toutes ses parties?

Le même désordre se retrouve dans toutes les relations sociales, de nation à nation, d'individu à individu. Aussi loin que les traditions historiques remontent, nous voyons les peuples en guerre, cherchant à se soumettre, à se conquérir, à se subjuguer, portant mutuellement dans leur sein la dévastation et l'oppression. Dans l'intérieur des sociétés, nous retrouvons la guerre et la lutte des intérêts, d'où naissent le malheur et la démoralisation générale. D'une part, on voit l'exploitation; d'autre part, une guerre acharnée sous le nom de concurrence; chacun ne vit, en quelque sorte, qu'aux dépens d'autrui; chacun doit songer à soi, doit se pousser au détriment d'autrui ; il semblerait au premier abord qu'il y eût trop de produits, trop de talens, trop de bras ; car ce que chacun cherche, c'est le travail, c'est l'emploi aux facultés, c'est l'écoulement aux produits ; et cependant, à côté d'une richesse surabondante, on voit la misère accablant les deux tiers des populations. Mais de ce fait même ressort l'explication de l'engorgement des produits, et du superflu de la main d'œuvre : c'est que la majeure partie des populations ne peut participer aux jouissances intellectuelles, ni aux produits du luxe, ni généralement à tout ce qui n'est pas d'une première et absolue nécessité.

Toute l'organisation sociale ne présente donc que chaos, comme l'organisation matérielle. Tout s'est arrangé au hasard, par l'effet des circonstances, sans que la sagesse des hommes y présidât. En n'envisageant que les pays les plus avancés, tous ont subi le joug de la conquête. Les institutions et les mœurs se ressentent encore aujourd'hui de la ligne de démarcation établie entre les vainqueurs et les vaincus, les possesseurs du sol et les travailleurs. La position des premiers est restée précaire, parce qu'ils n'ont jamais voulu assurer le sort des derniers. Le travail, qui est une richesse positive, n'a jamais été considéré comme valeur égale à celle du métal, comme propriété égale; il n'a aucune des garanties de ce dernier. Aussi, voyons-nous le capital tout attirer à lui, s'augmenter toujours par sa propre puissance, et par conséquent de plus en plus se concentrer, tandis que le travailleur exploité par le capitaliste, voit son salaire diminuer en raison de ce que les capitalistes baissent la main-d'œuvre et rivalisent pour le bon marché des produits auxquels les travailleurs peuvent toujours moins prétendre, étant proportionnellement moins payés. Les besoins du luxe, des jouissances, augmentent pour les riches; mais la nombreuse classe des travailleurs n'en devient que plus misérable. On se l'explique en voyant que les objets de première nécessité, le pain, la viande, le combustible, etc., ne font qu'accroître de cherté, tandis que tout ce qui est produits manufacturés, baisse de prix au détriment du salaire. Cela d'abord, parce que les travaux agricoles sont négligés, et que les capitaux et les populations se portent vers les villes ; ensuite, parce que les produits de la terre, le pain, la viande, la volaille, le gibier, le poisson, les œufs, le laitage, les légumes, les fruits, le vin, le combustible, etc., lorsqu'ils ne sont pas consommés sur les lieux, augmentent infiniment de prix, par les frais de transport, par les droits d'entrée, et par les intermédiaires. Ils ne parviennent aux habitans des villes qu'à un taux très-élevé, très-onéreux pour la classe ouvrière, et restent inaccessibles en grande partie à ceux même qui les cultivent, et qui sont trop misérables pour se les approprier.

Dans cet état de choses, où le capital domine tandis que le travail reste dans la plus triste dépendance, toute invention, tout perfectionnement, toute association partielle, ne font que déséquilibrer de plus en plus les intérêts, par conséquent les rendre ennemis, ajouter à la confusion sociale, et accroître la misère des travailleurs, tout en rendant la situation des capitalistes mêmes précaire et chancelante.

Par exemple, les machines créées pour alléger le travail, dans notre état social, deviennent mortelles au travailleur, en accroissant les richesses de ceux qui possèdent, et diminuant le salaire, les ressources de ceux qui n'ont que leurs bras. On évalue que l'Angleterre possède aujourd'hui des machines dont la force productive est équivalente au travail de huit cents millions d'hommes ; l'Angleterre entière ne possède que vingt-cinq millions d'habitans. Il est évident que chacun pourrait travailler modérément et vivre dans l'aisance du produit des machines, à condition qu'une administration unitaire les dirigeât à l'aide des bras nécessaires, et en répartît équitablement les produits.

Mais, au lieu de cela, comme les machines représentent un capital, et par conséquent sont la propriété des capitalistes, elles ne font qu'accroître la richesse de quelques uns, et jeter une masse d'ouvriers sur le pavé, sans pain ni travail. Tandis qu'ils languissent dans la misère, les magasins des fabricans regorgent de produits qui vont à vil prix encombrer les marchés étrangers. L'objet principal de l'Angleterre dans ses guerres, ses traités, ses alliances, c'est de maintenir et d'accroître ses débouchés; c'est de se débarrasser du superflu de ses richesses. Toutes les nations industrielles sont dans une situation semblable; elles offrent les mêmes déchiremens et la même concurrence à l'extérieur, que dans leur sein. Singulier spectacle que de voir chaque peuple se consumer de misère en proportion de sa richesse, se mourir de langueur en mesure de l'activité de son industrie, se trouver surchargé, étouffé, par une surabondance de travailleurs et de produits, et n'avoir de soucis que de s'en décharger sur d'autres nations qui les repoussent et les rejettent de leur côté.

Comme si de fait la richesse sociale ne se

composait pas essentiellement de la population, des facultés propres au travail, et des produits qu'elles enfantent à l'aide des capitaux, autrement dit du bien-fonds, de l'immeuble, du numéraire. Et cependant, individus et nations, ne songent qu'à échanger travail et produits contre le numéraire, qui n'est point richesse, mais représentation de la richesse (en tant que monnaie). C'est, en dernier ressort, pour se procurer le numéraire, que la société entière est en lutte et en convulsions. Cela avec raison, puisque le numéraire, en définitive, est encore la propriété la plus solide, la mieux garantie.

Où marchons-nous dans ce désordre, ce chaos, cette confusion générale? Ou bien, nous finirons par tous nous entre-déchirer, nous égorger, les pauvres se souleveront contre les capitalistes, les ouvriers contre les maîtres, et nous retomberons dans l'état sauvage et barbare; ou bien, nous trouverons puissance en nous-mêmes pour changer, transformer radicalement les institutions qui nous enlacent, nous captivent, en nous forçant à une lutte et à un déchirement perpétuels.

Cette puissance, Fourier nous l'a révélée ; elle consiste à substituer l'association au morcellement.

CHAPITRE IV.

DE L'ASSOCIATION.

Toutes les difficultés touchant la question de la propriété se trouvent résolues dans le système d'association.

Nous avons vu que, dans l'état actuel, les deux tiers des populations, la masse des ouvriers, ne possèdent rien au monde, n'ont pas même le droit au travail, et que par conséquent le travail n'est pas une propriété, n'est pas une valeur positive et garantie.

Or, si nous remontons au principe de la

propriété, la terre et ses fruits naturels ayant appartenu primitivement au genre humain, ayant été donnée par Dieu à tous les hommes pour la fertiliser et l'embellir par leurs travaux, il est d'une affreuse injustice que les deux tiers des populations dépossédées de leur part de la terre primitive, viennent au monde nus, dépouillés, sans avoir droit à aucune chose, pas même à la connaissance de Dieu, pas même au travail qui assure la subsistance quotidienne.

Est-il un de nous qui ne souffre et ne gémisse à l'idée de pauvres enfans manquant de nécessaire, et d'hommes et femmes demandant du travail, et ne pouvant l'obtenir?

C'est le spectacle que nous avons sous les yeux. La société actuelle n'a su que pallier ces maux par les aumônes et des établissemens de charité publique. Elle n'a pas eu puissance d'assurer l'éducation et les instrumens du travail à tous ses membres, ni de donner le droit au travail, c'est-à-dire de constituer le travail en propriété, de lui donner une valeur positive, équivalente à toutes les autres richesses sociales. Elle ne le pourrait qu'à la condition de se transformer radicalement dans son principe même, en substituant l'association au morcellement.

La terre a été donnée brute en domaine à toutes les créatures. Aujourd'hui, on ne saurait en rendre à chacun un morceau ; d'ailleurs, qu'en ferait-il puisqu'il lui faudrait encore les instrumens du travail, et que ces derniers, se confondant avec le capital, ont été créés par l'industrie des hommes, et transmis, soit par héritage, soit par droit de conquête ? Il serait de la plus haute injustice de songer à ravir aucune partie de la richesse sociale à ceux qui possèdent, puisqu'on doit reconnaître que c'est l'industrie qui a créé la richesse, et qu'ainsi en résultat toute propriété aujourd'hui représente le labeur qui l'a acquise ; peu importe de quelle manière elle a été transmise ; elle doit être considérée comme sacrée par le seul fait qu'elle est fruit du travail ; c'est par l'impossibilité de remonter à l'origine de chaque propriété individuelle, que l'on doit considérer la richesse sociale en totalité, comme produite par le travail et les épargnes des possesseurs, et comme ayant été transmise de génération en génération, de père en fils, à ceux qui aujourd'hui possèdent. Celui qui vient au monde sans part d'héritage à recueillir, n'a rien à réclamer des fruits du travail, qui constituent la richesse sociale. Lui n'a pas encore participé aux travaux généraux, il n'a droit qu'à sa part de terre brute et primitive.

Cette part, on ne peut la lui rendre, et il ne saurait en tirer parti. Mais on doit lui donner l'équivalent, le droit au travail, le droit, sous la condition du travail, de participer aux fruits de la terre, aux lumières de l'intelligence, aux bienfaits sociaux.

Dans l'état actuel, il est impossible à la société d'assurer l'éducation et le droit au travail à tous ses membres, puisque cela supposerait une organisation du travail harmonisant tous les intérêts, ce qui est précisément le contraire du morcellement. C'est par cette raison d'impossibilité, que la société civilisée dénie aux masses prolétaires le droit au travail, injustice effroyable ; c'est le sentiment de cette injustice qui réduisant ces dernières au désespoir, les font menacer la propriété acquise par le travail, autre injustice. On ne peut le nier, chaque jour le danger d'une collision entre les pauvres et les riches devient plus imminent ; elle ne ferait qu'engendrer un bouleversement général, et la ruine commune. Les sociétés n'ont de moyen d'y échapper qu'en organisant l'association, qui seule peut assurer à tous l'éducation et le droit au travail.

L'association a cette puissance par les immenses richesses qu'elle enfante, et par l'ordre et la justice qui naissent de son organisation, et lui permettent de répartir équitablement les richesses entre toutes les forces productives.

Voici en quelques mots le nouveau mécanisme social découvert par Fourier.

Former une réunion de trois à quatre cents familles, environ dix-huit cents personnes, et les réunir en ménage sociétaire dans un seul bâtiment vaste, salubre, commode; les associer pour l'exploitation intégrale des travaux domestiques, agricoles, industriels; répartir équitablement les bénéfices entre les trois forces productives, le *capital*, le *travail*, le *talent*. Organiser le travail d'après la loi sériaire qui a puissance de le rendre attrayant. Prendre tous les enfans au berceau, sans distinction de fortune et de naissance, et sous les yeux et avec le concours des parens, développer intégralement toutes leurs facultés physiques, morales et intellectuelles. Donner le libre essor à leurs vocations, les classer socialement selon leurs capacités. Substituer la liberté à la contrainte, l'attraction à la compression (1).

Fondez une commune d'après ces lois, dit Fourier, et le monde entier se transformera spontanément par la puissance de l'imitation.

Il est aisé de comprendre les économies du

---

(1) L'exposé complet de la doctrine se trouve dans les ouvrages de Fourier et de ses disciples.

ménage sociétaire, substitué au ménage familial. Beaucoup de congrégations nous en ont déjà offert l'exemple, telles que les monastères, les frères Moraves, et les établissemens récens d'Owen. Toutefois nous feront remarquer que ces diverses congrégations ont été basées sur un principe diamétralement opposé à celui de Fourier, celui de la *communauté*, tandis que Fourier base son système sur *l'association*. La communauté prétend soumettre, niveler, courber sous une loi égale les esprits et les penchans les plus divers ; elle abolit de fait la propriété, puisque le fonds commun appartient à tous au même degré. L'association maintient toutes les diversités, inégalités d'humeurs, penchans, caractères, vocations, que la nature imprime aux hommes ; elle cherche à les utiliser, à les classer ; elle maintient la propriété, rétribue chacun selon son travail et son talent, et paie au capital un intérêt proportionnel.

Le *phalanstère*, s'élevant à la place des quartiers hideux de nos villes, ou de nos pauvres villages repoussans de misère et de malpropreté, le *phalanstère*, selon Fourier, est un vaste bâtiment construit exprès pour trois à quatre cents familles, avec des logemens séparés, et de vastes salles ou ateliers pour les réunions, les travaux, les repas, les enfans, etc. Un grenier, une cave, une cuisine, suffisent pour les approvisionnemens et le service général. Des conduits d'éclairage et de calorique parcourent les bâtimens; des rues galeries couvertes, rendent les communications de toutes les parties faciles et agréables. Les logemens ainsi que les tables sont de prix divers et gradués selon les fortunes. Le logement et la table la plus modeste, qui forment le minimum assuré à tous les travailleurs, sont déjà au niveau de ce qu'on appelle aisance dans l'état actuel. Le luxe même est le partage de tous, car en association il devient naturellement collectif. Tous les achats se font en gros et de première main; les ventes se font également en gros, ou bien s'adressent directement au consommateur. En résumé, les sociétaires, débarrassés de tous les soins et tracas du ménage familial, vivent dix fois mieux et dix fois meilleur marché que dans le ménage morcelé. Dans cet état de choses, il n'y a plus de salariés ; le service excessivement réduit se fait par les sociétaires mêmes. Une cinquantaine de personnes dans le ménage sociétaire suffisent aux divers soins d'intérieur, qui exigent quatre cents ménagères, et quatre cents domestiques à gages dans le ménage morcelé. Les bras épargnés retournent ainsi à l'agriculture et à l'industrie. Les forces des vieillards, des femmes et des enfans sont utilisées (1).

Dans les sociétés actuelles, que de forces humaines annulées, ou bien employées improductivement ! Que d'emplois inutiles et pernicieux ! Qu'on énumère toutes les forces et les facultés gaspillées et perdues, dans les armées qui n'ont d'emploi que de détruire, dans les diverses administrations si compli-

(1) Voyez Traité d'Association, Destinée sociale, Fourier et son système.

quées et si stériles, dans le commerce également stérile qui vit tout entier aux dépens du producteur et du consommateur, dans la nombreuse classe domestique nécessitée par le ménage familial ! En association, toutes les forces sont utilisées, chaque chose prend la juste place voulue par la nature. Toutes les créatures humaines, dès l'enfance, se classent et se groupent volontairement aux travaux de leur choix, et selon les aptitudes naturelles. Les emplois stériles ou pernicieux sont de fait abolis. Les armées destructives sont remplacées par les armées industrielles ; les administrations se trouvent tellement simplifiées, qu'un employé suffit là où il en fallait cent ; par exemple, chaque phalange ou commune payant ses impôts en masse et à terme fixe, les nombreux agens que le gouvernement emploie pour percevoir les contributions, deviennent inutiles au fur et à mesure de l'installation des phalanges. De même, les tribunaux avec tout leur attirail de geôliers, prisons, bourreaux, rétrécissent graduellement leurs fonctions et leur matériel, par le simple fait que les délits vont diminuant dans un état de choses où tous possèdent l'éducation, les instrumens de travail, et la richesse. Le nombre des intermédiaires commerciaux se réduit à mesure que chaque commune fait ses achats et ses ventes en gros et de première main ; la domesticité est abolie ; ses travaux assimilés, aux travaux agricoles et industriels, sont rétribués d'après le même principe d'équitable partage dans les bénéfices. Les escrocs, les espions, les chevaliers d'industrie, les courtisanes de haut et bas étage, disparaissent dans un état de choses où aucune place ne leur est faite. En résultat, la somme totale de tous ces bras, de tous ces talens, de toutes ces facultés, employés aujourd'hui à des travaux improductifs, inutiles, corrupteurs, se reportent vers l'agriculture, l'industrie, les arts, les sciences. Qu'on y ajoute les forces et les facultées des femmes et des enfans aujourd'hui perdues pour la plupart dans des études ou des soins fastidieux et stériles ; et l'on pourra juger quelle nouvelle source de production, quel surcroît de richesse sociale !

Dans l'état sociétaire, qui n'est autre que l'organisation des travaux utiles et productifs, ces bras, ces facultés, ces talens, trouvent, comme on voit, immédiatement place, bénéfices et récompenses. Aujourd'hui, on cherche plutôt à augmenter les emplois improductifs, parce qu'il semble que lorsqu'on a créé un emploi, l'on a donné l'existence à un homme. Le gouvernement craindrait de diminuer le nombre de ses agens, car ce seraient autant de pères de famille que l'on priverait de leurs ressources. Si l'on trouvait moyen, dans l'état actuel, de licencier les armées, d'abolir les douanes, de simplifier les rouages de toutes les administrations, l'on serait arrêté par l'inquiétude de savoir à quoi l'on pourrait employer ces bras et ces facultés, dans une société où toutes les professions déjà sont encombrées, où il semblerait qu'il n'y ait plus de place pour personne. Il en serait de même dans l'industrie, si l'on essayait de supprimer le superflu des intermédiaires ; si, par exemple, dans chaque ville, tous les consommateurs s'entendaient pour créer une boulangerie, une boucherie, une épicerie, où ils auraient à eux des agens qui acheteraient de première main, blés, bestiaux, sucre, café, etc. Dans ce cas, les consommateurs feraient eux-mêmes le bénéfice des marchands ; bénéfice d'autant plus considérable, qu'il se composerait non seulement du bénéfice positif, mais du bénéfice négatif, ou économies de loyers, ménages, matériel, salariés, etc. Mais dans le cas où toutes les industries essentielles pourraient de la sorte se centraliser au profit du consommateur, que deviendraient les nombreux intermédiaires vivant aux dépens du producteur et du consommateur? C'est dans ce sens que les germes d'association qui existent, ainsi que les machines, et tout ce qui est base d'économies et bénéfices, ne sert, dans l'état actuel, qu'à léser, froisser les intérêts, ôter les moyens d'existence à une quantité d'individus, augmenter le malaise social, et par contre, l'inquiétude des esprits.

L'état sociétaire, basé sur l'ordre et la justice, utilise immédiatement tous les bras, toutes les facultés ; il garantit le travail, et le rend propriété ; c'est en cela qu'il ouvre une voie aux améliorations, et transforme radicalement la société sans secousse, ni bouleversement.

Voyons comment l'association en ayant puissance d'augmenter indéfiniment la richesse, équilibre et harmonise toutes les forces productives, par la juste répartition des produits.

La base des travaux, c'est l'agriculture. En économie sociale, c'est toujours à ce principe qu'il faut remonter. La terre, le bien-fonds, forme la première richesse ; les bras et les talens qui l'exploitent, forment la seconde ; l'une ne saurait absolument être indépendante de l'autre ; l'industrie est à la fois dépendante de l'agriculture dont elle retire les matières premières, et des bras et des talens des travailleurs.

Les sciences qui viennent en aide au développement de l'agriculture et de l'industrie, et qui agrandissent l'intelligence humaine, — ainsi que les arts qui embellissent l'existence et moralisent les hommes, — forment une troisième source de richesse; ou, si l'on veut, le *capital*, représentant la totalité des biens-meubles et immeubles, est la première force productive; le *travail*, représentant la main-d'œuvre, est la seconde force; le *talent*, représentant la pensée humaine, le concours de toutes les facultés intellectuelles, est la troisième force.

Ces trois forces, étroitement enchaînées et dépendantes l'une de l'autre, dans une société bien équilibrée, doivent former également une propriété, une richesse positive; or nous avons vu que, dans l'état actuel, le *travail* et le *talent* ne sont point des propriétés, laissent dans la misère la majeure partie de ceux qui les possèdent, et sont exploités par le *capital*, qui seul forme une véritable propriété. De là vient que le capital aveugle et égoïste, parce qu'il n'a ni équilibre ni contre-poids, se porte en masse vers l'industrie au détriment de l'agriculture, exploite les machines à son profit au détriment des travailleurs, et augmente de la sorte chaque jour la confusion et le conflit des intérêts, en faisant pencher tout d'un côté la balance des forces sociales. L'agriculture languit de plus en plus, tandis que l'industrie regorge de produits sans trouver de débouchés, et que les bras et les talens appellent vainement du travail, de l'emploi, et se meurent d'inanition. L'on comprend que dans cet état de choses, si l'équilibre ne vient à se rétablir par une transformation radicale, le *capital* finira par tout entraîner, tout culbuter, en s'abîmant lui-même dans le bouleversement de tout ce qui est.

Dans l'état sociétaire, l'équilibre des forces productives s'établit spontanément. L'agriculture est la base pivotale des travaux ; l'industrie s'unit intimement à l'agriculture. Le *capital* les alimente en proportion de leurs besoins, et à des conditions semblables ; le capital divisé par actions étant représentatif du domaine entier de la phalange, de la terre, des bâtimens, des ustensiles, des produits agricoles et manufacturiers, confond désormais le meuble et l'immeuble, donne une solidité pareille au bien-fonds et à l'industrie, en les entourant des mêmes garanties, et leur faisant porter un intérêt exactement semblable. D'autre part, le droit au travail étant accordé à tous, et de plus, le travail et le talent étant associés au capital, et rétribués sur les mêmes bases, toutes les forces productives deviennent propriété réelle, richesse positive, sont équilibrées, ont leur contre-poids, d'où naît une entière harmonie dans la production et la répartition des richesses, en mêmet emps qu'une parfaite concordance d'intérêts entre les associés.

Dans ce nouvel ordre de choses, toutes les forces sociales concourent à la production, toutes les richesses sont réalisées, tous les travailleurs participent à l'aisance, au luxe. L'agriculture fleurit à l'égal de l'industrie. Au lieu du morcellement actuel, du chaos des cultures, des haies, des barrières, coupant, divisant chaque propriété, le domaine entier de la phalange est exploité comme domaine d'un seul homme. Toutes les cultures sont distribuées avec choix et discernement. Les meilleures méthodes, les machines les plus économiques sont employées. Partout l'agréable se réunit à l'utile. Rien n'est perdu. Toutes les substances sont utilisées. Le vol devient impossible. Chacun concourt au bien commun par le double motif de sympathie réelle et d'intérêt propre.

L'éducation unitaire, qui enfante un nouvel ordre moral pour le monde, se réalise immédiatement pour nos enfans, et développe sous nos yeux ses merveilles.

Le travail, loi de la nature, cesse d'être répugnant ; il appelle, attire, se change en plaisir. La liberté se réunit à l'ordre ; la liberté véritable, qui n'est autre que le déploiement de toutes les facultés, l'essor de toutes les vocations. Les passions aujourd'hui subversives deviennent salutaires ; l'homme n'obéit plus à la contrainte, mais à l'attraction, loi divine qui régit le firmament et toute la nature : loi d'amour, celle même que le Christ proclama sur la terre, il y a dix-huit siècles.

L'humanité, reliée tout entière sous cette loi, forme une seule vaste famille. On voit s'accomplir l'unité sociale rêvée par les plus beaux génies de tous les siècles. Au lieu des tristes villes, des sales villages, des huttes misérables qui couvrent la terre, s'élèvent de distance en distance des palais magnifiques, construits sur les plans variés d'une architecture progressive, et ornés des chefs-d'œuvre des arts; au milieu de jardins délicieux, de campagnes fécondes et riantes. Plus de dévastations, plus de guerres, plus de luttes; la paix et l'harmonie règnent sur le monde ; tout se porte à la production ; les populations s'équilibrent, se répartissent proportionnellement sur la terre entière. Il y a partout unité de langage, poids, mesures, mœurs, habitudes, sans que jamais cette unité enfante l'uniformité. La spontanéité des génies divers fait naître une inépuisable variété. La création, comme Dieu même, est infinie dans ses merveilles. Les arts, les sciences, l'industrie, enfantent des prodiges. Leurs bienfaits deviennent le partage de tous. Chaque découverte, chaque perfectionnement est adopté d'un bout du monde à l'autre. Les beaux-arts deviennent un moyen puissant d'adoucir les mœurs, de polir les masses; ils s'unissent à toutes les habitudes, et embellissent tous les instans de la vie. Le peuple y participe et en jouit. Au lieu des trois quarts des humains abrutis par l'ignorance et la misère, toutes les créatures portent désormais l'empreinte du type divin. Les armées industrielles, substituées aux armées dévastatrices, se répandent parmi le monde pour accomplir des travaux gigantesques, dessécher les marais, reboiser les montagnes, donner la fécondité aux déserts, construire les routes transversales du globe. La culture générale adoucit et tempère les climatures, réalisant ainsi l'idéal d'un printemps éternel. Les produits végétaux et animaux, par le croisement, le mélange et le transport dans les climats les plus propices, atteignent un degré inouï de perfection. L'homme lui-même acquiert une longévité, une vigueur, une beauté de formes, une force d'intelligence que l'imagination aujourd'hui ne saurait se figurer. L'éducation unitaire engendre une harmonie toujours croissante dans les âmes; elles deviennent sœurs, et ne discordent par nuances que pour retrouver plus sûrement l'accord. La terre entière devient un séjour enchanté, le paradis terrestre de nos rêves. Elle s'unit en hymnes perpétuelles de joie, d'amour, et d'adoration vis-à-vis le Créateur.

Comment produire ces merveilles? comment enfanter cette unité merveilleuse? par la fondation d'une première *phalange* ou *commune sociétaire*, qui donne exemple au monde et l'entraîne irrésistiblement à l'imitation.

Dieu donne l'impulsion à tous les globes à la fois; il possède l'infini, il est *un*, partout et indivisible. L'homme n'agit sur le tout que par fractions. Il ne peut régénérer le monde que par l'élément social, la *commune*. C'est vers ce but que doivent se tourner les efforts des amis de l'humanité. Les temps sont mûrs, on aspire généralement à l'association. L'ardeur et le dévouement ne font point faute. Qu'est-ce donc qui nous entrave, qui nous empêche de marcher, d'aller en avant, d'accomplir l'œuvre des destinées humaines?

CHAPITRE V.

DE LA RÉALISATION.

LIEN MORAL ET RELIGIEUX.

Lorsqu'on voit le monde souffrir comme il fait, que chacun est en but à la réaction de la souffrance générale, que les sociétés tourbillonnent sur elles-mêmes, sans pouvoir s'arrêter, ni résister, entraînées sur une pente fatale, en face d'un abîme, — lorsqu'on voit au milieu de tant de maux, de tant de misères, et des ténèbres épaisses qui nous enveloppent, un génie bienfaisant apparaître, et nous illuminant de vives clartés, nous montrer à la fois la chaîne des maux qui nous accablent, et leur issue, nous tracer une route aisée, immédiate, pour sortir de la fange du monde civilisé, et nous élancer vers une société nouvelle et resplendissante, — l'on ne sait pas concevoir ce qui depuis trente ans empêche de réaliser la parole si vraie et si simple de ce génie sublime, parole d'une évidence si palpable, et dont les promesses sont à la fois si positives et si prodigieuses.

A la vérité, durant ces longues années, la doctrine de Fourier resta en quelque sorte renfermée dans ses livres; lorsqu'elle vint peu à peu au jour, elle eut à dissiper les préventions qui s'attachent tout d'abord aux théories sociales. Enfin, jusqu'en 1830, les esprits étaient encore sous le prisme d'illusions politiques, philanthropiques, libérales, laissant imaginer qu'on trouverait une guérison aux maux sociaux dans des palliatifs stériles. Aujourd'hui, les principes de Fourier sont généralement répandus, on rend justice à son génie, on reconnait la beauté de sa découverte;

les esprits sont merveilleusement disposés à l'association, le mot est dans les bouches, le désir est dans les cœurs. Les déceptions de tous genres ont amené le besoin positif de réformes radicales ; tout ce qui pense, tout ce qui réfléchit, reconnaît le vice des institutions actuelles, appelle de ses vœux la réorganisation complète de la société. Les Saint-Simoniens, par leur critique éloquente, leur réhabilitation du travail, leur foi, leur dévouement, ont avancé puissamment le mouvement social ; ils en ont, pour ainsi dire, donné l'intelligence ; ils ont fait comprendre qu'il appartient aux hommes de le diriger, de changer ce qui est ; ils ont, on peut le dire, préparé l'avénement du système sociétaire. Nous en sommes donc à ce moment où l'idée d'association se propage dans les masses, où la crise sociale et politique s'aggrave, où les âmes généreuses ne demandent qu'à s'unir dans le bien, où les principes de Fourier chaque jour se répandent et font plus de prosélytes.

Faut-il accuser les hommes de langueur, d'apathie, d'indifférence, parce qu'à une première vue chacun paraît sommeiller dans le soin des intérêts propres et l'oubli des intérêts communs?

Non; la société est semblable à un voyageur qui, égaré dans l'obscurité, marchant à tâtons, ne sachant plus où porter ses pas, ignorant s'il avance ou s'il recule, se couche de désespoir; maudit la Povidence et vide sa besace, sans se soucier du lendemain; mais, que le soleil vienne à briller, et lui montre un but, il se relève plein de courage, remercie Dieu, et va, va, sans plus s'apercevoir de la fatigue ni de l'éloignement.

Le but providentiel qui s'offre aux hommes, c'est l'harmonie et l'unité sociale découlant d'une première phalange organisée selon les lois naturelles et divines.

Que faut-il? Réunir trois à quatre cents familles de fortunes inégales et de capacités diverses, sur un terrain d'environ une lieue carrée, et les associer dans une exploitation intégrale de toutes les branches des travaux humains.

Cette réalisation paraît d'autant plus aisée, qu'elle offre des avantages immédiats aux sociétaires, aux capitalistes, à tous ceux qui sont appelés à y coopérer.

Elle offre aux sociétaires une existence assurée, l'éducation pour leurs enfans ; elle assure aux capitalistes au moins huit pour cent d'intérêts et la garantie de première hypothèque. Ce sont les moindres avantages matériels promis par Fourier, et démontrés par les calculs rigoureux qui sont la base du système sociétaire.

Ces avantages immédiats ont déjà une telle puissance, qu'on ne peut douter, si demain une phalange s'élevait, offrant aux capitalistes et aux sociétaires une organisation parfaitement régulière et sage, qu'une foule de personnes de tous âges et de toutes conditions ne s'offrissent aussitôt pour en faire partie, et, d'autre part, que les capitaux ne se portassent où ils trouveraient un taux élevé et des garanties solides.

La seule promesse du minimum assuré au travail attirerait des personnes de toutes classes ; car, lorsqu'on a sondé les plaies sociales, l'on en vient à cette triste découverte, que la plupart des positions sont tellement précaires, le travail, le vivre sont entourés de si cruelles difficultés et angoisses, que le plus grand nombre parmi les riches, comme parmi les pauvres, s'estimeraient trop heureux de n'avoir plus qu'à se laisser aller à vivre, et posséder les nécessités de la vie pour eux et leur famille, en donnant en retour le travail dont ils sont capables.

Une créature sur mille ne possède pas le minimum en civilisation. Le vœu de chacun, c'est de vivre de ses rentes, qui, seules, réalisent le minimum. L'on en vient à regretter les monastères, où l'on pouvait au moins occuper son intelligence et se décharger des soins matériels. Dans la phalange, la monotonie et la règle du monastère seront remplacées par la variété, le déploiement de tout l'être, une prodigieuse activité imprimée à la vie humaine ;

on y vivra non seulement par l'intelligence, mais encore par toutes les facultés de l'âme, par les liens de la famille, par les plus douces et les plus vives affections.

Qu'est-ce donc, je le répète, qui porte obstacle à la réalisation d'un système qui doit enfanter les plus hautes merveilles dans l'avenir, et dont la plus simple promesse, le minimum, est déjà suffisante pour nous attirer et nous contenter dans le présent?

Ce qui porte obstacle à la réalisation du système sociétaire, c'est que, nonobstant les progrès de la propagande, il n'est pas suffisamment compris; il n'est pas compris dans ses moyens de réalisation; il n'est pas compris dans le lien moral par lequel il doit relier les esprits avant d'associer les intérêts.

C'est pour ne pas concevoir et ne pas rechercher ce lien moral, que ceux qui ont embassé la doctrine, sont restés entièrement divergens sur les moyens de la réaliser. C'est pour ne pas apercevoir le lien moral qui, seul peut amener l'association des intérêts, que le plus grand nombre reste indifférent à la théorie sociétaire, en ne croyant pas à la possibilité de sa pratique. Effectivement, le désaccord des esprits a toujours été le plus grand obstacle à toute réforme, organisation, régénération sociale, qui exige le concert, l'union des efforts. Ce sont les croyances généreuses, c'est la foi enfantant le sacrifice, le dévouement, l'enthousiasme, qui élève l'homme au dessus des misères et des faiblesses de sa nature, le grandit dans des proportions colossales, l'arrache à la routine, et le rend capable d'actions héroïques. C'est la foi, une croyance commune partant du cœur, prenant son principe en Dieu, et s'alimentant par elle-même, qui seule peut rallier les hommes, les harmoniser d'intentions, réunir leurs efforts vers un but. Tout ce qui s'est fait de grand dans le monde, s'est accompli par la foi, par une croyance généreuse, par l'abnégation et le sacrifice. C'est pour avoir perdu la foi, ses croyances généreuses, que le monde paraît ainsi tiraillé en sens divers, que tout semble petit, mesquin, que les opinions sont nuancées et tranchées à l'infini, que chacun se resserre dans son individualité, que le monde matériel se fractionne à l'instar du monde moral, et que l'argent est devenu en résultat le seul mobile, et le seul but des efforts des hommes ; il est resté la seule royauté divine et humaine devant laquelle tous s'inclinent et adorent ; il est le seul lien qui relie en apparence les esprits et les intérêts, en achevant de les diviser et de les dissoudre.

Une croyance commune, prenant sa source dans les sentimens généreux, dans les principes éternels, est le besoin le plus senti de l'époque; toutefois, dans la recherche même de cette croyance, se manifestent la divergence, le doute, l'incrédulité des esprits. Les uns s'épuisent en efforts pour ranimer le passé, ressusciter des cadavres ; d'autres pour créer des systèmes appelant une foi nouvelle ; ils ne s'aperçoivent point que les croyances naissent spontanément, et que, pour communiquer la foi, il faut d'abord la posséder.

Fourier eut la foi ; il crut fermement en Dieu et en lui-même. Il eut la foi que rien ne rebute, que rien n'altère, qui attend toujours et jamais ne doute. Fourier crut fermement révéler au monde les lois naturelles et divines qui doivent le régir dans les siècles ; il donna ces lois pour aussi vraies, aussi positives, que s'il les eût tenues de Dieu même. Et cependant, Fourier ne songea pas à promulguer une religion nouvelle, car une religion implique un dogme, un culte, des formes exclusives ; or il venait, au contraire, pour rallier à sa doctrine régénératrice toutes les créatures sans exception, quelles que fussent leurs croyances, pour les rallier aux lois éternelles de justice, et aux lois mathématiques de l'association.

C'est parce que le système sociétaire est basé sur des principes larges comme le monde, qu'il ne saurait être réduit aux proportions minimes d'une secte ou d'un parti ; sous ce rapport, il diffère évidemment de tous les systèmes philosophiques et sociaux qui l'ont précédé, et porte le cachet de vérité universelle comme le christianisme. Malheureusement, l'esprit profondément religieux et moral qui a présidé à la conception de Fourier, n'est pas mis suffisamment en relief dans ses œuvres; quand il pose les principes, son génie plane sur la création, mais lorsqu'il aborde les détails, son individualité reprend le dessus. Fourier n'est pas un Dieu, il est homme; sa pensée n'a pu se révéler comme un souffle divin, inondant spontanément toutes les âmes de ses vives lumières; sa pensée ne se communique à nous que par l'intermédiaire des livres, dans un langage humain, par conséquent insuffisant et imparfait. Fourier, comme nous-mêmes, est asservi à son éducation, aux circonstances qui l'environnent, à son tempérament, aux passions subversives. Fourier participe aux erreurs de l'humanité; nous adorons son génie lorsqu'il resplendit à nos yeux comme le soleil; mais lorsqu'il paraît s'obscurcir, nous recouvrons vis-à-vis de lui, le droit dont il usa vis-à-vis de nous, celui d'examiner et de juger. Nous n'avons de culte pour notre maître que celui dont il nous donna l'exemple, l'amour passionné de la vérité.

On taxe généralement la doctrine sociétaire de matérialisme ; c'est le préjugé le plus funeste à sa réalisation. Le reproche est injuste, quant aux principes de la théorie ; car elle repose tout entière sur l'unité de l'être humain : cette unité dérive du principe unique de tous les êtres, Dieu même ; c'est par l'éducation unitaire, ou déploiement intégral, libre essor de toutes les facultés, que l'être humain, aujourd'hui faussé, vicié, retrouve son unité propre, et se remet en équilibre dans la série des êtres, et l'harmonie des créations. Toutefois, si la doctrine dans ses principes est unitéiste, dans les détails elle a pu paraître entachée de matérialisme ; c'est presque toujours de la gastronomie que Fourier tire l'application de ses principes, les exemples de séries ; il semblerait que dans la phalange, la vie humaine dût se passer à produire et à consommer ; que la gourmandise dût y jouer un rôle principal ; d'autre part, dans la théo=

rie des mœurs harmoniennes, on a pu accuser Fourier avec quelque sorte de justice, de favoriser les appétits brutaux au détriment des sentimens nobles, élevés, délicats de notre nature; il est des pages qu'on voudrait retrancher dans cette partie, et qui, bien loin d'être conséquence de sa doctrine, vont directement contre ses principes. Enfin, ce qui donne encore apparence de matérialisme à la théorie sociétaire, c'est que Fourier, dans son désir ardent de la propager et de la réaliser, fait appel essentiellement aux intérêts positifs, aux passions sensuelles; il s'adresse à la cupidité, à l'égoïsme, plutôt qu'à la générosité et au dévouement; il stimule la vanité, l'ambition plutôt que la philanthropie, dans son acception vraie, l'amour de toutes les créatures; il rapetisse les mobiles, au lieu de les puiser dans ce que l'âme renferme d'infini. L'inventeur de la science sociale ne fit par-là que porter obstacle à la propagation et à la réalisation de ses idées; bien que l'égoïsme, la cupidité, le sensualisme, dominent le monde actuel, les sentimens généreux n'en restent pas moins impérissables au fond des cœurs ; c'est par ce mobile seulement qu'on peut aujourd'hui, comme dans le passé, remuer les hommes, et accomplir de grandes œuvres. Au contraire, l'égoïsme et les passions sensuelles sont négatives de leur nature, et ne peuvent jamais engendrer qu'une activité toute personnelle, toute relative à la satisfaction de l'individu.

Le Christ apparaissant au monde dans les temps les plus néfastes, posa le principe de sacrifice et d'abnégation, le seul qui pût dans les siècles racheter l'humanité; mais en même temps il révéla le dogme consolateur de l'immortalité de l'âme, et promit aux justes le royaume des cieux. Fourier vient nous annoncer que le royaume des cieux promis par le Christ va s'accomplir sur cette terre ; à la loi de contrainte et de sacrifices, il substitue la loi d'attraction ou libre essor.

Mais il ne s'aperçoit point que pour annoncer le règne de justice, de vérité, et d'attraction dans l'avenir, nous n'en sommes pas moins dans le monde d'injustice, de fausseté et d'iniquité; qu'il faut que le monde actuel enfante le monde de l'avenir; que tout enfantement dans le monde subversif ne s'accomplit que par douleur et déchiremens; et que le règne d'harmonie exigera plus d'efforts et un dévouement plus immense qu'aucune autre transformation sociale, puisqu'elle deviendra le complément de toutes les phases qui ont précédé. C'est pour avoir méconnu la nécessité du sacrifice et de l'abnégation dans les temps de transition qui sépareront l'ancien monde du nouveau, que Fourier a laissé une lacune dans sa doctrine; il n'a pas suffisamment précisé les difficultés d'une réalisation transitoire; il ne donne de règle que la loi d'attraction, loi d'avenir; or, comme le bon sens crie bien haut qu'il est impossible de l'adopter immédiatement, les commencemens de l'association sont restés enveloppés de nuages qu'aucune lumière n'a encore éclaircis.

En résumé, ce qui a porté obstacle jusqu'à

présent à la réalisation des principes sociétaires, ce sont : 1° les apparences de matérialisme, et le défaut, au premier abord, d'un lien moral qui relie et harmonise les hommes généreux et les prépare à l'association ; 2° la partie de la théorie qui traite des mœurs harmoniennes ; 3° la difficulté des temps de transition.

Il est donc utile de faire ressortir de la doctrine sociétaire, le lien moral et religieux, dérivant des principes éternels de justice. La recherche de ces principes nous amènera naturellement à dépouiller la doctrine de tout ce qui est donné comme exemples d'analogies, pour la ramener aux notions essentielles, aux principes mêmes, et en faire découler les procédés pratiques les plus aisés, les plus simples.

Si la doctrine de Fourier ne se rattachait, soit dans le domaine des faits moraux, soit dans le domainee des faits sociaux, à tout ce qui a précédé, si aujourd'hui même elle ne venait se coordonner à tout ce qui est, en un mot, quelle que fût sa vérité absolue, si elle ne possédait pas en même temps une vérité relative, elle n'aurait aucune puissance pour s'emparer des âmes, s'infiltrer dans les idées, se coordonner aux faits; elle resterait inconnue dans le domaine des abstractions, et devrait attendre que les esprits et la société, même dans son organisation matérielle, y fussent suffisamment préparés.

Or, loin de là, l'association, sous tous ses aspects, fut la loi ascendante de l'humanité; dans tous les faits moraux et sociaux qui ont marqué l'histoire du monde, nous suivons les phases diverses, les séries successives de l'association; elle est loi de notre nature, principe de sociabilité; elle engendra tous les progrès dans les sciences, les arts, les industries; elle fut mobile de tout ce qui s'est accompli de grand jusqu'à nos jours; il y a une foi générale dans l'association comme seul moyen d'améliorer et transformer la société matérielle, et en même temps de moraliser et régénérer les hommes; le système de Fourier ne fait que répondre à cette foi, à ce besoin unanime; en prenant ses élémens dans ce qui existe, en se rattachant à ce qui fut, il vient donner le complément aux progrès successifs des temps, à l'œuvre des siècles.

Il fait davantage; il vient confirmer, réaliser les principes de justice éternelle gravés dans tous les cœurs, qui ont engendré les plus belles actions, et ont été base des liens moraux et religieux dans tous les temps.

Si nous remontons l'histoire pour consulter les annales des nations, si nous suivons l'impulsion des âmes généreuses, en accord avec les principes de justice éternelle, en harmonie avec le mouvement ascendant de l'humanité, — nous trouverons pour fait saillant, d'une part, l'esclavage, l'oppression, l'exploitation de l'homme par l'homme, engendrant tous les maux, tous les vices, toutes les misères; — nous trouverons les préjugés de race, de caste, de droit divin, de droit de conquête, de patriciat, d'aristocratie, en un mot de priviléges, basant l'esclavage et l'oppression des masses ; —d'autre part, nous verrons gravé au cœur de l'homme, en caractères ineffaçables, le besoin ardent de *liberté* ou *égalité des droits;* — nous verrons que le but de tous les efforts généreux, le rêve de tous les nobles cœurs, le progrès positif des âges anciens et modernes, fut l'affranchissement des masses, le règne de la justice. Tous les systèmes généreux tendirent vers l'émancipation de l'homme, vers l'égalité des droits; tous les efforts des individus et des nations eurent pour objet l'affranchissement des masses, et les libertés sociales. Le christianisme ne fit que formuler ce vœu dans sa loi divine de charité et d'amour.

Aujourd'hui encore, au milieu du désaccord des esprits, de la divergence des opinions, du doute, de l'incrédulité, de l'égoïsme qui se sont emparés des âmes, quel est cependant le lien moral et religieux qui, résumant l'histoire du monde, continue à réunir, relier et harmoniser, tout ce qu'il renferme encore d'esprits nobles et généreux? C'est toujours comme par le passé, le besoin de justice pour tous comme pour soi-même, le vœu de liberté, d'égalité, d'émancipation, d'affranchissement pour les masses. Seulement, par un progrès réel, on en est venu à apprécier plus nettement les véritables causes d'esclavage, d'oppression. On reconnaît la déception des libertés politiques, et d'une prétendue égalité devant la loi; on reconnaît que le mal gît dans les élémens sociaux plutôt que dans les constitutions et les formes gouvernementales; on reconnaît que la misère est une plaie aussi cruelle que l'esclavage, qu'elle produit un abrutissement, une démoralisation semblables; on reconnaît en même temps que, lors même qu'on donnerait à toutes les créatures la satisfaction des besoins corporels, il leur manquerait encore le développement intellectuel, seul gage de moralité et de liberté. On reconnaît qu'il ne saurait y avoir de justice pour tous que dans la réalisation d'une égalité des droits la plus large et la plus absolue.

Jetons un regard sur les partis politiques et sociaux qui se partagent actuellement l'opinion sous diverses formes ; tous ont pour but la liberté, l'égalité des droits, le bien du peuple. Tous sentent le besoin de la fraternité des âmes, de la fusion des intérêts. Que veulent les philanthropes de toutes les nuances? L'abolition de l'esclavage, l'affranchissement des classes ouvrières, le travail, l'aisance, l'éducation assurée à tous. Que veulent les proscrits de toutes les nations? L'émancipation des peuples, la nationalité, la liberté. Que veulent les libéraux, les hommes généreux des partis? Les libertés politiques, l'égalité devant la loi, l'instruction, le travail pour le peuple. Que veulent les économistes? Une répartition équitable des richesses, enfantant l'aisance, la moralisation, la liberté corporelle pour tous. Que veulent les owenistes ? L'affranchissement des masses, le bien-être, le bonheur général. Qu'ont voulu les saint-simoniens? Précisément ce que veulent les partisans de Fourier, ce que veulent tous les socialistes !

l'émancipation des travailleurs, l'éducation, les instrumens du travail assurés à tous, une répartition équitable des richesses, le classement social selon les facultés, la récompense selon les mérites. Enfin, que veulent les républicains, parti à la fois politique et social, qui étend son réseau sur le monde entier, et réunit dans son sein, d'une part les esprits turbulens, les ambitions déçues, les mécontens et les victimes de l'ordre social; d'autre part les âmes les plus généreuses, les plus dévouées, les plus enthousiastes? Ils veulent l'émancipation des masses, l'abolition de tout despotisme, de toute tyrannie, de tous priviléges, de tous préjugés, de tout ce qui constitue l'exploitation de l'homme par l'homme; ils veulent la liberté, l'égalité. On le voit, chez les partis généreux, dans tous les siècles, c'est toujours le même cri, le même vœu, la même voix prophétique. Qu'importe que les esprits aient été divergens sur les moyens; que les mots liberté, égalité n'aient offert que des idées vagues, et qu'il ait fallu quatre mille ans pour les éclaircir peu à peu, et leur donner une signification précise? qu'importe qu'on ait réduit la liberté à des droits purement politiques, et qu'on ait confondu l'égalité des droits naturelle et divine, avec une égalité absolue, factice, arbitraire? qu'importent les erreurs et les aberrations dont chaque système a été entaché? qu'importe qu'on ait tenté de les réaliser par des moyens violens, des révolutions sanglantes? — avec le temps les erreurs se dissipent comme les brouillards qui dérobent la naissance du soleil ; déjà il ne reste de tous les systèmes que le vœu général d'un jour radieux où la justice luise et éclate pour tous; déjà l'on aperçoit que le mouvement humanitaire, le progrès des arts, des sciences et de l'industrie, s'est opéré dans le sens de l'affranchissement graduel des classes laborieuses; déjà l'on peut rapporter tous les efforts généreux des hommes aux deux maximes de la loi ancienne et de la loi nouvelle des saintes Ecritures : *Ne fais pas à autrui ce que tu ne voudrais pas qu'on te fît; aime ton prochain comme toi-même :* maximes qui ne se réaliseront dans le monde que lorsque toutes les créatures seront égales les unes aux autres, lorsque toute oppression, toute injustice seront effacées.

Or, si la doctrine de Fourier contient la réalisation complète, absolue, des principes éternels de justice, confirmés par la religion et toute la marche de l'humanité, ne possède-t-elle pas le lien moral et religieux qui doit réunir et harmoniser les hommes dans un effort et un but communs?

Dépouillons donc le système de Fourier, ainsi que nous l'avons fait de la généralité des systèmes sociaux et politiques qui ont précédé, dépouillons-le de toute idée accessoire aux principes de liberté et d'égalité des droits, acceptés et proclamés par la religion, par la loi, par la morale, par toutes les âmes généreuses, et recherchons en quoi le système de Fourier renferme les moyens de réaliser complétement ces principes, et d'organiser un monde nouveau sur les bases toutes simples de justice éternelle.

Ces bases, avons-nous dit, sont l'égalité absolue des droits et la liberté.

Quel est le moyen d'établir l'égalité des droits ?

Il en est un seul; c'est l'éducation unitaire : c'est de prendre tous les enfans à leur naissance, de les élever suivant leurs aptitudes naturelles, sans distinction de rang ni de fortune, et de les classer et récompenser socialement selon leurs mérites.

De l'éducation unitaire, établissant l'égalité des droits, découle la liberté individuelle et sociale, qui ne saurait exister que dans le déploiement intégral des facultés, et l'éclosion et application des penchans et aptitudes.

La vérité est le résultat certain du libre déploiement des facultés; car liberté et vérité sont synonymes. De même que l'erreur découle de l'esclavage, des entraves apportées au corps et à l'âme, de même la lumière jaillit de la spontanéité, de la liberté.

L'éducation unitaire réalise tous les bienfaits sociaux.

Elle a été le rêve de tous les grands utopistes, de tous les hommes enthousiastes, de toutes les sectes généreuses.

Mais tous se sont égarés dans les moyens de réalisation. Ils n'ont su baser l'éducation unitaire que sur l'égalité de fait, la communauté des biens, le niveau passé sur les intelligences, la sujétion à des travaux communs, en un mot, toujours l'oppression et le despotisme sous de nouvelles formes, toujours la négation de la liberté.

Sparte, seule entre toutes les nations, eut un simulacre d'éducation unitaire, basé sur la compression générale et l'esclavage des Ilotes. Et cependant ce simulacre a suffi pour enflammer jusqu'à nos jours les esprits ardens.

Les républicains, les saint-simoniens, les owenistes, ont toujours projeté l'éducation unitaire; mais en ce point ils ont pu reconnaître l'insuffisance de leur doctrine. L'éducation unitaire est impossible aussi long-temps que la société est organisée de sorte qu'une idée de répugnance soit attachée au travail.

S'il n'y a pas attraction pour tous les travaux sociaux, l'affranchissement des masses, l'égalité des droits, la liberté corporelle, sont des chimères impossibles à réaliser. L'on doit maintenir les classes laborieuses dans l'ignorance, l'abrutissement, la nécessité absolue du travail ; l'on doit continuer le règne de l'injustice, de la fausseté, de l'iniquité, l'oppression du grand nombre au profit de quelques privilégiés, l'exploitation de l'homme par l'homme.

Fourier a résolu cette difficulté par son admirable théorie du travail attrayant basé sur la loi sériaire. C'est par cette admirable découverte dans l'ordre éternel des choses, qu'il a rendu possible l'affranchissement positif des masses, l'égalité absolue des droits, la liberté et l'harmonie universelle.

Le système complet de Fourier se résume dans *l'organisation du travail par la loi sériaire.*

La loi sériaire, appliquée au travail, renferme une telle puissance d'organisation, qu'elle constitue immédiatement la société dans toutes ses parties, en se substituant à l'échafaudage d'institutions vaines dont le cercle vicieux et incohérent formule ce qu'on appelle aujourd'hui l'organisation sociale.

La loi sériaire, organisant tous les travaux, comprend naturellement les travaux domestiques, d'où dérive le ménage sociétaire, c'est-à-dire l'unité des travaux domestiques pour un certain nombre de familles. Le ménage sociétaire est une conséquence forcée de l'organisation sériaire des travaux.

L'exploitation intégrale des travaux, et la juste répartition des bénéfices en *travail, capital, talent*, sont également des conséquences de la loi sériaire, qui a puissance d'équilibrer toutes les forces productives, et de répartir équitablement les richesses.

L'éducation unitaire se confond intimement avec l'organisation sériaire des travaux ; elle en est à la fois base et complément. Elle établit positivement l'égalité des droits, puisqu'elle prend tous les enfans au berceau, sans distinction de naissance, et qu'elle les élève dans le déploiement libre et intégral de toutes leurs facultés. C'est par l'organisation sériaire qu'elle trouve moyen de faire éclore toutes les aptitudes, tous les penchans, toutes les vocations, et de classer et récompenser chacun selon sa capacité et ses mérites.

L'attraction n'est autre que la liberté. Elle ne saurait être le partage de notre génération viciée par le milieu actuel ; il faudra nous-mêmes nous enchaîner, nous comprimer dans les premiers temps de l'association ; l'attraction ressortira spontanément de l'éducation unitaire, et deviendra le partage de nos enfans.

La réalisation du système sociétaire doit donc s'attacher uniquement à l'organisation sériaire des travaux enfantant l'éducation unitaire, et par suite la justice ou égalité absolue des droits, la liberté ou attraction.

Tous les esprits généreux et véridiques doivent examiner dans leur conscience, s'il est un autre moyen de faire régner la justice sur la terre, et s'il est possible de réaliser l'éducation unitaire dans un autre milieu social que l'organisation sériaire des travaux. Si tous s'accordent dans une réponse négative, et ne voient de salut pour le genre humain que dans la série et l'attraction venant accomplir l'œuvre des siècles, voilà donc le lien moral et religieux qui doit réunir toutes les âmes généreuses, le but qui doit s'offrir à tous les efforts : l'organisation sériaire des travaux, préparant par l'éducation, le règne absolu de la justice et de la liberté.

Voilà aussi les conditions déterminées pour la réalisation du système sociétaire dans les temps de transition. Nous ne devons la considérer que sous le rapport de l'organisation sériaire des travaux, préparant l'harmonie du monde et l'unité sociale par la justice, ou égalité des droits, appliquée à la génération nouvelle, au moyen de l'éducation.

Avant de préciser les bases d'une commune sociétaire, sous le rapport de son organisation matérielle et positive, essayons de tracer le caractère du phalanstérien tel qu'il doit se montrer dès aujourd'hui, pour avoir puissance de rallier toutes les âmes généreuses à la doctrine de son maître, et de faire converger tous les efforts à sa réalisation ; essayons de déterminer à quels signes on peut reconnaître le vrai phalanstérien, celui qui est digne de porter ce nom, qui s'est identifié à l'esprit de la théorie sociétaire, qui est capable de la faire aimer par ses actes et ses paroles. Vainement on préciserait un plan d'organisation, on en démontrerait l'exécution aisée, et offrant des avantages immédiats ; il faut encore l'influence morale qui précède ; il faut que ceux qui se donnent mission de représenter l'idée, sachent attirer, la faire aimer ; il faut non seulement que la doctrine renferme un lien moral et religieux, mais il faut que ceux qui l'embrassent et la professent fassent éclater, dans toute leur conduite, la puissance de ce lien moral ; c'est à cette condition seule que la doctrine, se dégageant des préventions qui l'obscurcissent, attirera dans son sein les hommes d'élite de toutes les nations, se propagera universellement et fera naître sur la terre entière des essais d'association, où tous les phalanstériens, rivalisant, aux yeux de l'ancien monde, de zèle, d'ardeur, de sacrifices, de dévouement, achèveront de le conquérir bien plus par l'attrait de ces hautes vertus, que par celui de la fortune et des jouissances attachées à l'état sociétaire.

CHAPITRE VI.

CARACTÈRE DU PHALANSTÉRIEN.

Dans les premiers temps du christianisme, lorsque le vieux monde croulait de toutes parts, que les croyances étaient éteintes, que les âmes languissaient dans un mortel découragement, que les maux, les vices et les crimes débordaient les sociétés humaines comme un ruisseau de sang et de fange, lorsque le colosse romain, pesant de tout son poids sur la terre, menaçait de se dissoudre et de tout écraser dans sa chute., lorsqu'un long cri de douleur s'élevait du sein des opprimés, qu'une lueur d'espoir dans l'avenir le plus lointain n'apparaissait plus à leurs yeux, — lorsqu'un linceuil était étendu sur le monde cachant Dieu aux hommes, et les faisant cadavres avant que de mourir, quels signes distinguaient donc ce petit nombre de croyans, traçant une route nouvelle dans les décombres, faisant apparaître un jour radieux dans les ténèbres, arrachant le monde à sa stupeur, déchirant son voile funèbre, lui rendant vie, foi, amour, le mettant en possession du Dieu de l'univers?

Les signes distinctifs des premiers chrétiens étaient leurs œuvres en harmonie parfaite avec leur doctrine. Ils témoignaient de leur foi par la simplicité de leurs mœurs, la véracité de leurs discours, la générosité de leurs actions; ils étaient frères de cœur, n'avaient rien en propre, pratiquaient l'amour du prochain et la charité universelle, et couraient avec joie au martyre. Ils se distinguaient par les vertus chrétiennes; et ce fut par la pratique de ces vertus qu'ils rachetèrent le monde, que leur foi se propagea de proche en proche, et que sur les ruines du monde antique ils jetèrent les bases de la société de l'avenir, qui depuis dix-huit siècles se forme et se consolide par la destruction de toutes les erreurs, et le triomphe de toutes les vérités.

Les fouriéristes viennent aujourd'hui accomplir l'œuvre des premiers chrétiens; ils viennent réaliser les principes d'association, de fraternité, d'amour du prochain.

On doit également les reconnaître aux vertus inhérentes à leur doctrine, et à la pratique de ces vertus.

Quel est donc le caractère du vrai phalanstérien, quelles sont les vertus qui le distinguent des civilisés, et qui témoignent de sa foi, qui fassent éclater aux yeux de tous la beauté et la sublimité de sa doctrine?

Le phalanstérien se fait une loi de la plus haute franchise et véracité dans ses actions et ses paroles; il a toujours présent que la vérité est le cachet immuable de la doctrine de son maître, et qu'elle a pour but essentiel de préparer le règne de vérité; jamais ses lèvres ne se souillent d'un mensonge; jamais ses relations ne sont empreintes de fausseté; jamais il n'emploie de moyens détournés; il est franc, et il marche droit, le regard et la tête levée; il dit le vrai comme il le sent, comme il le pense; il accepte l'amour passionné du vrai comme le lien fondamental qui doit nous aider dans sa recherche et dans sa réalisation.

Le phalanstérien pratique la justice dans tous les actes de sa vie; il adopte rigoureusement les maximes bibliques : *Ne fais pas à autrui ce que tu ne voudrais pas qu'on te fît; fais à autrui ce que tu voudrais qu'on te fît.* Non seulement il ne commet point l'injustice, mais il s'y oppose de toutes ses forces. Il ne se contente pas de ne léser personne dans sa réputation, dans sa fortune, dans son bonheur; mais il prend la défense des opprimés, il est l'appui des faibles, il repousse la calomnie, il fait rougir la médisance; jamais il ne pactise avec la lâcheté, avec l'iniquité; toujours ferme, courageux, il réclame la justice pour tous, et met autant d'ardeur et de persévérance dans le bien, que les méchans en mettent ordinairement dans le mal. Or, à quels signes reconnaître un phalanstérien ; si ce n'est à la passion du juste, à la haine de l'injuste, puisque le but de notre doctrine sainte, est de renverser l'injustice, la fourberie, l'iniquité, pour établir sur cette terre le royaume des justes promis par le Christ.

Le phalanstérien est éminemment tolérant ; il repousse et combat le mal de toutes ses forces, mais il n'accuse point les individus ; il sait combien nous sommes influencés par le milieu social, par les circonstances, par l'éducation ; il sait que les plus mauvais, dans l'état actuel, seraient peut-être les meilleurs dans les temps d'harmonie. Son cœur est plein d'indulgence ; il compâtit à tous les vices de notre nature, dérivant des infirmités sociales. Cette pensée l'élève au dessus des ressentimens et des rancunes personnelles ; il pardonne les offenses comme le chrétien même, par un sentiment à la fois religieux et philosophique ; il ne sait ce que c'est que la haine ou la vengeance ; exempt de fiel dans les paroles comme dans le cœur, il est toujours prêt à tendre la main à son ennemi, à offrir amendement aux plus méchans parmi les hommes ; car il accepte la pensée sublime du baptême rédempteur, qui efface toute souillure ; de la pénitence, qui lave tout le passé ; il repousse pour cette terre, comme dans l'éternité, la terrible parole du Dante : *Ici plus d'espérance*.

Le phalanstérien se dépouille d'amour-propre, d'orgueil ; il comprend son insuffisance, sa faiblesse, la mutilation de son être dans le milieu civilisé ; il ne s'attribue aucune supériorité des lumières qui lui viennent de la théorie sociétaire, puisqu'elles appartiennent à tous ceux qui voudront ouvrir les yeux, et que Fourier lui-même les tenait de la sagesse divine ; il ne perd jamais de vue que nous sommes tous égaux devant Dieu, que nous avons tous des aptitudes utiles, qu'aucun de nous ne peut rien par lui-même, et que le but de l'association est d'harmoniser les facultés humaines en les complétant les unes par les autres. Aussi le phalanstérien n'emploie jamais la dérision, le sarcasme, l'injure; jamais il n'affecte de supériorité; jamais il ne blesse aucun amour-propre. Ses écrits, comme ses paroles, sont empreints de modestie et d'humilité, quant à lui, de tolérance, de modération quant à autrui; c'est ainsi qu'il se conforme à la doctrine, et que toujours il attire et jamais ne repousse.

Le phalanstérien s'élève naturellement au dessus des intérêts mesquins et passagers, lui qui s'élance dans le monde de l'avenir, et qui plane au dessus de la civilisation et des phases humanitaires. Il est courageux dans le malheur; il lutte contre l'adversité; il est exempt de préjugés; il n'a aucune répugnance dans le choix des travaux utiles; s'il est pauvre, il vit de peu; s'il est riche, il épargne pour la cause; il donne l'exemple du travail; il reste insensible à l'injure, à l'outrage; le monde croulerait à ses yeux, qu'il aurait le stoïcisme du sage d'Horace; il ne se mêle activement à aucun parti politique, ni religieux, ni philosophique ; sa mission est de rendre justice à ce que chacun renferme de bon, et de les attirer tous ; dans l'actualité, il a toujours en vue le monde de l'avenir ; tout le reste est nul à ses yeux ; tout ce qui ne sert pas la cause n'a point de valeur ; il n'est en contact avec la civilisation, que pour lui emprunter lentement et successivement les élémens d'association qu'elle renferme en son sein, tant les hommes et les idées que les choses. Le phalanstérien a l'esprit large comme le monde, ou bien il reste en dessous de sa mission sublime.

Le phalanstérien aime son prochain comme lui-même. Celui qui n'a pas l'âme ouverte aux sentimens affectueux, et qui ne comprend pas dans son amour toutes les créatures sans distinction, n'a jamais compris la théorie de Fourier, et ne saurait lui être instrument. L'amour du prochain, dans sa plus sublime acception, est seul capable de réaliser l'association. L'amour du prochain résume toutes les vertus, il tient lieu de toute les facultés de l'esprit, il tient lieu de la science. Celui qui a l'amour du prochain, possède l'esprit de la théorie sociale, il est apte à l'association, prédisposé à l'harmonie, il attire et relie par la seule influence de sa bonté de cœur. Mais il ne suffit pas que le mot soit dans la bouche, qu'on se targue d'une bienveillance et d'une charité universelles, il faut que les actes viennent à l'appui. Si vous avez l'amour du prochain, jamais vous ne l'offensez ni en paroles, ni en actions; vous faites à chaque instant de votre vie le bien qui est en votre pouvoir; toutes les vertus de tolérance, justice, sincérité, droiture, humilité, bienveillance, charité, dévouement et sacrifice, vous sont naturelles, car toutes dérivent de l'amour du prochain. Si simple que vous soyez d'esprit, de mœurs, de condition, la pratique constante de la charité, vous élève au dessus de tous. En consentant à être le dernier, vous devenez le premier. Vous êtes le digne descendant des premiers chrétiens. Vous devenez le véritable apôtre du fouriérisme; vous vous enflammez pour la doctrine qui porte remède à tous les maux, à toutes les misères, en proportion de ce que vous compâtissez à toutes les misères, à tous les maux. Douze apôtres pour notre doctrine, animés de l'amour et du zèle des apôtres chrétiens, et le monde d'harmonie sortira radieux du monde de discordes et de morcellement.

Voilà en quelques traits le caractère du vrai phalanstérien. Ce sera, si l'on veut, un type idéal; mais encore, nous devons constamment chercher à nous en rapprocher. Comment nous reconnaître dans la civilisation, si ce n'est par la pratique des vertus découlant de notre doctrine même, et qui seules peuvent amener sa réalisation? D'ailleurs, peut-on douter que si tout les fouriéristes apportaient dans un premier phalanstère, cet esprit de charité, de fraternité, de tolérance, de dévouement, peut-on douter que toutes les difficultés ne s'applanissent, et que l'harmonie ne ressortît immédiatement de l'association. Au contraire, si l'on s'arrête au spectacle de la discordance des esprits, de l'amertume, du fiel qui sont dans les cœurs, et qui découlent des bouches, de l'intolérance, de l'exclusivisme, de l'individualité, de l'orgueil, qui forment obstacles à toute union et fusion dans l'ordre actuel, le doute vient s'il est donné aux hommes de jamais s'associer et s'harmoniser, l'on ne peut s'imaginer quels seront les premiers liens d'harmonie dans cette effroyable chaos, et l'on vient à penser qu'un nouveau cataclisme, l'eau ou le feu du ciel doivent venir purifier et régénérer cette terre, pour la rendre digne de destinées meilleures.

CHAPITRE VII.

DÉMONSTRATION DES ÉCONOMIES ET DES BÉNÉFICES.

J'ai dit qu'un lien moral, et la pratique des vertus *socialisantes*, sont des conditions absolument nécessaires à la réalisation de la théorie de Fourier.

J'ajoute qu'on ne saurait entrer en réalisation à moins d'un plan précis qui en démontre les avantages et la réussite.

Le principe fondamental de Fourier consiste à associer un assez grand nombre de familles pour qu'elles puissent acquérir une certaine aisance par les économies et les bénéfices du ménage sociétaire, et en même temps, offrir la variété de vocations et capacités, pour s'appliquer aux diverses branches de travaux agricoles, industriels, domestiques, et s'harmoniser par la diversité même des caractères, penchans, et des inégalités de fortune et d'intelligence. Le nombre voulu serait de trois à quatre cents familles, quinze à dix-huit cents personnes; ce nombre peut être réduit jusqu'à quatre-vingt et même quarante familles. On peut aussi associer seulement des enfans, ou bien des personnes d'un âge mûr sans enfans. Tous les élémens sociaux se prêtent à des combinaisons rentrant dans ce que Fourier nomme des essais garantistes; toutefois, l'association positive, renfermant la puissance d'une régénération sociale, ne peut s'établir que sur une réunion de familles, hommes, femmes, enfans, assez nombreuse pour démontrer l'harmonie des facultés diverses, et l'équilibre des forces productives, ressortant de la variété des travaux.

Tout essai, soit de garantisme, soit d'association minime, est utile à la cause; il peut d'ailleurs renfermer le germe d'une association plus large et plus complète. J'établis un plan pour dix-huit cents personnes, parce que c'est le but qu'on doit se proposer d'atteindre, et que je crois qu'il est plus aisé d'y arriver d'un coup que successivement; néanmoins, on peut le réduire à un nombre de familles plus restreint. Je n'ai voulu dans ce livre que donner idée de la nécessité absolue d'un plan, et de quelle manière on y doit procéder. J'ai tracé le phalanstère de transition, celui qui s'attache par tous les bouts à l'état actuel, en même temps qu'il est susceptible de toujours s'harmoniser plus complétement. Toutefois, je donne idée du plan, mais je ne tente point de l'exécuter; c'est un nouveau travail qui ne peut se faire que d'après la localité même choisie pour la réalisation.

On se demande, — et ce sont effectivement les difficultés matérielles de la réalisation, — comment réunir soit dix-huit cents personnes, soit même un nombre beaucoup moindre, les décider à quitter leurs habitudes, leur état, leur profession, pour un genre de vie entièrement nouveau? comment y décider surtout des personnes aisées possédant une position sociale? comment y décider même la classe ouvrière dominée par les préjugés et la routine? Et si l'on parvient à les attirer, comment établir parmi elles la concorde et l'harmonie? Qui dirigera, qui organisera cette masse? Quelles seront les lois intérieures de la première phalange; quels seront ses rapports avec le monde civilisé? La loi d'attraction ne naîtra pas immédiatement; elle ne pourra servir de règle à notre triste génération élevée dans les vices et les préjugés actuels; elle ne sera jamais le partage que des enfans élevés dans la loi sériaire.

D'après ces objections qui s'offrent généralement aux esprits, la difficulté réside donc : 1° A attirer les sociétaires. 2° A démontrer l'organisation du travail, à établir l'ordre, la règle dans toutes les relations.

La troisième difficulté consiste à se procurer les fonds nécessaires pour l'établissement d'une première commune. Cette dernière difficulté se résout en même temps que les deux premières. Vous attirerez les capitalistes par les mêmes motifs que vous attirerez les sociétaires ou travailleurs : par la démonstration rigoureuse des bénéfices, et par l'exposé de l'organisation et de la marche des travaux.

Procédons d'abord par la démonstration des bénéfices.

Fourier les prouve analogiquement par la comparaison des dépenses et pertes du morcellement avec les économies et gains de l'association. Mais cette analogie ne suffit point. Il faut démontrer les bénéfices positivement, arithmétiquement.

Il faut les démontrer de la sorte, parce que c'est le seul moyen d'attirer les sociétaires et les capitaux. Comment veut-on que riche ou pauvre, abandonne un état, une profession, une position sociale, sans avoir l'entière certitude de trouver l'équivalent dans la commune sociétaire? Comment veut-on que riche ou pauvre expose la moindre partie de sa fortune ou bien ses moyens d'existence, lorsque tout le monde, les riches comme les pauvres, vivent dans une gêne relative, et éprouvent la difficulté de se créer des moyens d'existence? Dans un plan d'organisation, l'on ne doit pas compter sur les sacrifices, ni faire appel au dévouement; on doit simplement faire appel à un placement d'argent entouré de garanties, et portant un intérêt qui va toujours croissant. La théorie sociétaire est basée, matériellement parlant, sur la richesse, sur les bénefices qui doivent naître du nouvel état social. Il faut donc démontrer qu'une réalisation a des avantages à offrir à tous, aux capitalistes comme aux sociétaires. Il faut offrir garantie et intérêt aux capitaux, une existence assurée aux sociétaires et aux travailleurs. Tant mieux si le dévouement, si le sacrifice, viennent se joindre au mobile d'intérêt. Il est certain même que ce n'est que par une influence morale, par la puissance du dévouement qu'on parviendra à réaliser. Mais on ne doit point les faire entrer en ligne de compte dans l'exposition matérielle d'un plan.

Qu'on ne perde pas de vue non plus que si les sociétaires ayant tous quelque chose à quitter, à abandonner, ne s'y décideront qu'avec des garanties certaines d'un état meilleur, — d'autre part, tous, même les plus pauvres, en rompant avec la civilisation, auront soit un capital, soit des meubles, une vache, des intrumens de travail, à apporter dans le fond commun du ménage sociétaire. Car, il ne s'agit point de faire un essai, de se risquer, pour ensuite revenir à sa première position. Non, en nous engageant dans une réalisation, il nous faut brûler nos vaisseaux derrière nous. Il nous faut y porter tout ce que nous possédons, y placer notre avenir et nos espérances. Eh! bien donc, pour inspirer cette confiance entière, seul gage de succès, il faut démontrer les moyens d'existence, les bénéfices croissans de l'association.

Considérons aussi que c'est essentiellement

par sa faculté d'engendrer et d'accroître la richesse sociale, que l'association aura puissance d'entraîner et de forcer à l'imitation.

Vainement la première commune offrirait le spectacle du bonheur, de l'aisance, du travail attrayant, de la concorde, de l'harmonie; notre société est si embourbée dans la routine des préjugés et des habitudes, qu'elle irait considérer ce tableau comme un spectacle curieux, sans pour cela faire effort pour se transformer spontanément sur des bases semblables.

Voyez combien d'établissemens utiles existent sans qu'on songe à les imiter! Voyez les fermes-modèles, quelle influence lente elles exercent sur l'agriculture! Voyez les admirables institutions de M. de Fellemberg, en Suisse. Fondées dans le but principal d'améliorer l'agriculture et de moraliser les travailleurs, elles réunissent la pratique à l'enseignement; elles prennent les enfans dans le bas âge, et leur inspirent l'habitude du travail et l'amour du bien. Il n'y a pas de doute que si les institutions de M. de Fellemberg pouvaient se généraliser, la mendicité serait abolie, l'agriculture prospérerait, les hommes vaudraient mieux ; mais ces institutions ne renferment pas en elles-mêmes la puissance de se généraliser. Depuis trente ans elles existent ; de toutes les parties du monde on vient les admirer ; les éloges sont unanimes ; et cependant, on ne les imite point ; seulement quelques essais infructueux ont été tentés en Allemagne. Les institutions de M. de Fellemberg sont son ouvrage ; elles prospèrent avec lui, par lui ; mais il est à craindre qu'elles ne dégénèrent après lui, et qu'au bout d'un certain temps, il ne reste pas même trace du bien qu'il a produit.

Il en est ainsi d'une quantité d'œuvres philanthropiques, qui n'opèrent qu'un bien partiel et momentané, sans posséder la puissance de généraliser leurs bienfaits. Or, en présence de tant de maux, de tant de douleurs répandues sur des millions de créatures, qu'est-ce donc de soulager la souffrance de quelques centaines d'infortunés ?

La fondation d'une commune sociétaire, n'aurait qu'une médiocre valeur, si elle ne renfermait en elle-même la puissance d'entraîner le monde entier à l'imitation?

Cette puissance, c'est l'application des lois naturelles et divines aux sociétés humaines, enfantant immédiatement une richesse plus que quadruple de la richesse actuelle. Or, les esprits seront d'abord infiniment moins frappés des principes que des conséquences. On discutera long-temps encore sur les lois naturelles de l'association ; mais tout le monde se rangera forcément sous ces lois par leurs conséquences, c'est-à-dire la quadruple richesse.

Voici comment :

Aujourd'hui le capital est maître, c'est un empire irrésistible, le *travail* et le *talent* doivent forcément reconnaître son despotisme. De son côté, le capital, par une impulsion également forcée, se porte où il trouve les avantages combinés des plus fortes garanties et du taux le plus élevé. C'est pourquoi il se porte actuellement en masse vers l'industrie au détriment de l'agriculture ; vainement vous lui crierez que c'est au préjudice de la société entière, et des capitalistes eux-mêmes ; remarquez que le capital est un être abstrait, qui obéit aveuglément à l'intérêt du moment, loi d'égoïsme et d'imprévoyance qui régit la société. Si des individus capitalistes veulent écouter des mouvemens généreux, et lutter contre cette impulsion fatale, ils seront écrasés, broyés par la force du courant. Il en est ainsi de tous les sentimens généreux dans une société basée sur l'égoïsme ; ils tournent au préjudice de ceux qui s'y abandonnent, sans remédier aux maux généraux.

Voici donc deux faits positifs. 1° du capital dépend l'établissement du régime sociétaire ; 2° le capital se porte irrésistiblement où l'appelle son avantage, et il ne dépend pas de lui de se porter ailleurs en masse.

Attirons donc le *capital* pour la fondation d'une première *commune*, par la démonstration des bénéfices.

Supposons la première phalange fondée, et ses travaux organisés. Si les résultats sont tels que nous les annonce Fourier, il y aura immédiatement quadruple produit, quadruple bénéfice, dont les dividendes seront partagés entre le *capital*, le *travail*, le *talent*. N'oublions pas que le capital a pour garantie l'hypothèque du domaine entier de la phalange, et que ce domaine se compose essentiellement de biens-fonds, terres, bâtimens, bestiaux, instrumens, machines, etc. Donc, les capitalistes auraient à la fois hypothèque et un intérêt élevé, dix, quinze, ou même vingt pour cent. Nul placement dans la civilisation n'offre des intérêts aussi forts, entourés de solides garanties. Le bien-fonds rapporte deux à trois pour cent; l'hypothèque et la rente sur l'état rapportent de trois à quatre et demi. Tous les autres placemens sont entourés de risques. Il est donc bien certain, bien positif, qu'à ces conditions les capitaux se porteront en masse vers l'association; et que ce sera par cette impulsion forcée, irrésistible, que la France entière et le monde civilisé, se transformeront spontanément en communes sociétaires ; ils s'y porteront par le double mobile d'égoïsme et de dévouement, de spéculation et d'enthousiasme. Sur les civilisés, le mobile le plus puissant sera l'intérêt propre, la perspective des bénéfices ; le spectacle de concorde, de travail attrayant, de bonheur général, n'agira qu'en second ordre. Au contraire, sur les barbares et sauvages, l'exemple du bonheur et de la liberté donnera la plus forte impulsion ; l'attrait des bénéfices ne sera qu'accessoire.

Il faudra donc, dans la fondation d'une première *commune*, avoir pour but essentiel la production, le bénéfice. Ce sera le principal mobile pour les travailleurs ; car le besoin actuel le plus pressant, le vœu le plus général, c'est le travail, le gain, l'existence assurée ; — c'est ce qui frappera et attirera davantage la civilisation.

Divers projets de réalisation ont déjà présenté le devis des dépenses pour la construction des bâtimens, l'achat des terres, instrumens de travail, bestiaux, etc. (1).

Ces devis, ainsi que des plans d'architecture qui ont également été tracés pour les bâtimens, sont très-utiles, mais ne constituent qu'une partie d'un plan général ; ils présentent la face des dépenses, mais point celle des bénéfices.

On dira, les bénéfices ressortent naturellement de l'association ; mais cela ne suffit point, il faut les préciser.

Voici comment, selon moi, il faut procéder à cet effet.

Nous supposons environ une lieue carrée, deux mille cinq cents hectares, exploités par dix-huit cents travailleurs, hommes, femmes, enfans. Nous joignons aux travaux agricoles les diverses industries que les capitaux, la main d'œuvre, le terrain, et les localités comportent. L'agriculture et l'industrie fournissent sur les lieux mêmes la totalité presque entière des objets de consommation journalière pour

---

(1) Voyez *Calculs agronomiques* de M. Le Moyne.

tous les habitans de la commune. Les premiers calculs doivent porter sur la quantité d'objets nécessaires à la consommation annuelle de la phalange. Tout le restant des produits est bénéfices. On en prélève d'abord six ou huit pour cent pour le capital; ce qui est le minimum d'intérêt pour le capitaliste, de même que la nourriture, le logement et le vêtement, sont le minimum d'existence pour le travailleur. Le reste forme un bénéfice net qui est réparti équitablement entre le *travail*, le *capital* et le *talent*.

Il faut donc calculer d'abord :

Les produits en pain, viande, légumes, volaille, fruits, — gibier et poisson, si les localités le comportent, — produits nécessaires à la consommation annuelle de dix-huit cents personnes, hommes, femmes, enfans.

M. le Moyne a fait ce calcul ; il donne pour résultat que les produits de sept cents hectares suffisent à cette consommation.

Il reste donc les produits de dix-huit cents hectares, pour couvrir les dépenses générales de la phalange, et former le bénéfice net de la seule agriculture.

Or nous savons que les bénéfices sont bien plus considérables dans l'industrie que dans l'agriculture.

La commune possède dans son sein la majeure partie des industries de première nécessité, telles que boulangerie, menuiserie, cordonnerie, ouvriers et ouvrières en tous genres, tailleurs, couturières, maçons, charpentiers, horlogers, etc. Elle possède de plus diverses industries pivotales auxquelles les sociétaires des deux sexes et de tout âge peuvent participer, et au moins une industrie à laquelle ils ont la faculté de travailler à toute heure et en toute saison. On doit autant que possible faire concorder ces industries diverses avec les matières premières fournies par le sol même de la commune.

Nous avons calculé avec M. le Moyne que les produits variés de sept cents hectares suffisent à la nourriture annuelle des dix-huit cents sociétaires. Reste dix-huit cents hectares (il faut en déduire le terrain qu'occupent les bâtimens); ces dix-huit cents hectares servent à deux, trois, quatre cultures pivotales, et davantage même, selon que la nature et la qualité du sol les comportent. Par exemple, si le terrain est propre aux vignobles, on cultive principalement la vigne, et l'une des industries pivotales devient la fabrication du vin. Si le terrain est favorable au colza, il devient également une culture essentielle, et la fabrication de l'huile est encore une industrie pivotale. Si le terrain était favorable aux prés, une des industries pivotales deviendrait l'éducation des animaux, bœufs, vaches, moutons, brebis. Cette industrie serait d'autant plus précieuse, qu'une foule d'autres industries en découlent. L'éducation des vaches entraînerait une vaste fabrication de beurre et de fromage. Celle des moutons, la fabrication des draps, mérinos, etc. La culture de la betterave et une sucrerie seraient utiles, ne fût-ce que pour la consommation intérieure. Enfin, une culture précieuse serait celle du chanvre et du lin, qui donneraient pour industrie la fabrication de la toile. Elle serait d'un immense bénéfice à cause des machines que l'on emploie, et que la phalange ne manquerait pas de se procurer; car la première économie est pour elle l'économie des bras, de la main-d'œuvre.

Dans l'état actuel, on s'élève avec raison contre l'abus du travail dans les manufactures; des ateliers froids et humides, un travail monotone de douze ou quinze heures, en ont fait de véritables galères pour les malheureux ouvriers, hommes, femmes, enfans. Mais ce n'est pas une raison pour exclure le travail manufacturier d'une phalange. Il sera d'une tout autre nature dans des ateliers propres, chauffés l'hyver, aérés l'été, où les sociétaires viendront se relayer en courtes ou longues séances à leur choix. La fabrication de la toile serait précieuse: 1° en ce que l'apprentissage en est aisé, et conviendrait aux sociétaires des deux sexes et de tout âge; 2° en ce qu'elle peut occuper les bras des sociétaires en toute saison, et aux heures perdues pour d'autres travaux ; 3° en ce qu'elle est un objet d'immense consommation pour la phalange, en même temps que d'une vente certaine et très-lucrative.

La culture des vers à soie et des abeilles, en même temps qu'elle est extrêmement attrayante, offrirait deux industries fort utiles, la fabrication de la soie, et la fabrication de la cire et du miel.

Ces diverses fabrications, vin, huile, beurre, fromage, draps, toiles, et toutes autres, ont pour avantage : 1° de réunir la culture et l'industrie, d'utiliser les bras de tous les associés, hommes, femmes, enfans, sans grand apprentissage, et de retirer de la sorte le plus grand bénéfice possible, tout en rendant les travaux attrayans par la variété ; 2° de tirer la matière première pour les diverses industries, du sol même de la commune, et de fournir sur chacun de ces produits à sa consommation annuelle. Ce qui n'empêcherait point de faire achat des matières premières pour telle industrie où le sol ne produirait pas en quantité suffisante ; 3° de pouvoir garder en magasins les produits ; par conséquent, de ne vendre qu'en gros, et de pouvoir s'assurer des débouchés certains et avantageux ; 4° de pousser les diverses branches de culture pivotale à un haut degré de perfection, de s'instruire des meilleures méthodes, de profiter des découvertes et inventions, de toujours économiser la main d'œuvre et augmenter le bénéfice, par l'emploi des machines et instrumens les plus propres à donner ce résultat.

On voit que je ne trace ici que la base des calculs, et non point les calculs mêmes ; ce dernier travail ne peut être fait que sur le terrain même où l'on projettera d'établir la phalange.

Le choix des cultures et industries pivotales dépend entièrement de la nature du sol, des routes, des marchés voisins, etc. Je dirai même qu'il en est des bâtimens comme des cultures et des industries ; on ne saurait en donner un plan précis sans connaître les localités, la nature du terrain, les matériaux dont on peut disposer, les divers ateliers et usines qui seront en rapport avec les cultures.

On peut d'autant moins faire un plan abstrait soit d'architecture, soit des cultures et industries diverses, qu'il vaudra infiniment mieux réaliser l'association sur des terres en pleine culture, que de défricher des landes ou bruyères ; ce serait multiplier très-gratuitement les difficultés. Or, des terres en pleine culture supposent des bâtimens, fermes, granges, écuries, etc., et peut-être quelque château. Il faudra autant que possible utiliser ces bâtimens. Il y aura sans doute quelque usine dans le voisinage; tâchez de vous l'approprier, de vous l'associer. En un mot, un plan ne saurait être précis et positif que fait d'après les localités, et l'on doit avoir pour règle, non pas de tout créer, mais bien de tout utiliser.

Résumons les bases que j'ai posées à un plan de ménage sociétaire de dix-huit cents personnes, et d'exploitation intégrale des travaux, qui démontre les bénéfices de cette association.

Il faut faire le calcul :

1° Des produits agricoles et animaux nécessaires à la consommation de dix-huit cents personnes. Nous avons dit que sept cents hectares suffisent à cette consommation. Reste dix-huit cents hectares (sauf la place qu'occupent les bâtimens), dont les produits forment ou bénéfices comme ventes, ou matières premières aux diverses industries de la commune.

2° Faire le calcul du bénéfice net au bout de l'année, des ventes extérieures de tous les produits, soit agricoles, lorsqu'ils ne sont pas consommés ou fabriqués dans l'intérieur même de la commune; soit industriels, en sus de la consommation intérieure de la commune.

3° Préciser la valeur totale de tous les capitaux placés dans la fondation de la commune, y compris les dépenses de la première année; capitaux représentés par des actions, et garantis sur hypothèque.

4° Après avoir d'une part prélevé sur les objets de consommation le minimum gratuit pour chaque sociétaire, leur avoir donné à tous gratuitement le minimum en logement, chauffage, éclairage, habillement, ainsi que la participation aux objets de luxe collectif, comme réunions, concerts, bibliothèque, bains, — et avoir prélevé tous les frais de culture et d'entretien des machines, et instrumens, etc.; — après avoir prélevé sur la masse totale des bénéfices, en compensation du minimum accordé aux travailleurs, le huit pour cent aux capitaux, et une rétribution proportionnée aux chefs de toutes les industries; — répartir le restant des bénéfices aux travailleurs, aux actionnaires et aux directeurs des travaux, dans les proportions établies par Fourier :

Le 5/12 au travail.

Le 4/12 au capital.

Le 3/12 au talent.

5° En total, établir sur un terrain donné, soit deux mille cinq cents hectares, ou étendue moindre, le rapport : 1° des produits du sol, à la consommation et à l'entretien des quinze à dix-huit cents travailleurs, hommes, femmes, enfans; 2° le rapport des forces, du travail des sociétaires à la culture du sol; 3° établir ensuite la quantité et les diverses sortes d'industrie que l'on doit joindre à l'agriculture; 4° calculer les machines et instrumens par lesquels on peut économiser le plus avantageusement la main-d'œuvre, les bras et le temps des travailleurs, qui, dans la phalange, forment une richesse plus positive même que le capital; 5° évaluer le bénéfice net en surplus de toutes les dépenses annuelles, de l'entretien des sociétaires, et du huit pour cent accordé comme minimum d'intérêt au capital.

6° En résumé, établir les rapports exacts de la production à la consommation, et du travail à la culture et à l'industrie, sur telle étendue donnée de terrain, tel nombre de travailleurs, telles industries ajoutées à la culture, en calculant l'économie de main-d'œuvre qu'on peut obtenir par l'emploi des machines.

Le rapport le plus difficile à établir sera

celui de la main-d'œuvre à l'agriculture et à l'industrie, principalement à cette dernière. Les produits de l'agriculture sont limités; ceux de l'industrie en quelque sorte ne le sont pas; ils sont susceptibles d'aller toujours s'accroissant avec une augmentation de matières premières, et un renfort de bras. Les avances une fois faites pour les machines et instrumens, il y a un immense bénéfice à accroître la production dans l'industrie. Je pense que dans les calculs, lorsque le concours de dix-huit cents personnes paraîtra insuffisant, on pourra jusqu'à un certain point faire valoir le travail de salariés ou auxiliaires.

Déterminons bien nettement ce que nous entendons par travail salarié dans la commune sociétaire.

L'on doit poser en principe que tous les sociétaires internes sont associés. C'est poser immédiatement le principe d'égalité de droits qui prendra tout son développement par l'éducation unitaire dans les commencemens de l'association; il y aura distinction de fait entre les classes selon le degré d'éducation qu'elles auront reçu. Comme le but de l'association est d'effacer ces distinctions pour arriver graduellement à la fusion complète des classes, il faudrait bien se garder d'établir une distinction entre des associés et des salariés ; ce serait là une ligne de démarcation posée en principe, qu'aucun progrès ne saurait effacer plus tard. Elle resterait ineffaçable entre la classe associée et la classe salariée. C'est encore un motif puissant pour préciser les bénéfices, afin de pouvoir en assurer par avance le minimum aux travailleurs associés ; les hommes sont si peu faits à l'association, que dans les commencemens ils préféreront de beaucoup être salariés, avoir quelque chose de fixe par mois, par année, à attendre un bénéfice éventuel. Il faudra en quelque sorte les associer à leur insçu, leur promettre un minimum de bénéfice comme salaire, et leur donner le surplus comme associés.

Il est donc posé en principe que tous les sociétaires internes sont associés ; mais cela n'empêche point d'enrôler des salariés externes pour certains travaux, et en certaines saisons. Par exemple, en été et en automne, quand les moissons et récoltes appellent un grand nombre de bras, on peut faire appel aux travailleurs des campagnes et des villes voisines, les employer autant que le besoin dure, et les payer par journée, ou toute autre évaluation de leur travail. Dans la saison morte, où les travaux d'agriculture chôment, tous les bras des sociétaires reviennent à l'industrie, et le concours des salariés du dehors devient inutile.

On demandera si l'admission de travailleurs salariés, civilisés, ne sera pas dangereuse au milieu de l'association, et si cette dernière ne devrait pas se garder de tout contact avec le dehors?

L'on doit bien se figurer en fondant la première phalange, qu'il est tout-à-fait impossible de la séparer de la civilisation; et qu'au contraire, elle sera dans un perpétuel contact avec les civilisés, par les ventes, les achats, les entrées et sorties des sociétaires, des visiteurs, etc., et surtout par son but de propagande. Quand une première phalange se sera élevée, elle n'aura rien fait pour le bonheur du monde, si elle ne l'excite, et ne l'entraîne à l'imitation. Eh bien ! elle ne l'entraînera point par de l'excentricité, des formes bizarres, des coutumes étranges, de l'intolérance, et de l'exclusivisme. Elle entraînera en donnant le spectacle d'ordre, de concorde, et de quadruple produit; et en frayant constamment avec les civilisés, bien loin de les repousser et de les exclure. Or, le plus sûr moyen de se faire connaître à eux, de les séduire, de les *attirer*, c'est de les enrôler par groupes de travailleurs, de les initier ainsi momentanément à la nouvelle vie harmonienne, afin de la leur faire vivement regretter et souhaiter. Ce sera là un magnifique moyen de propagande. Je dirai même qu'on devrait enrôler non seulement les travailleurs salariés, mais encore les visiteurs; on ne devrait admettre ces derniers que sous condition de participer eux et leurs enfans aux travaux aisés d'apprentissage. Ils s'initieraient ainsi d'un coup, et complétement à la vie harmonienne ; de la sorte, ce ne serait point une sensation passagère, mais bien une impression durable qu'ils recevraient par tous leurs sens, tous leurs organes, et qui leur ferait désormais trouver ennui et dégoût dans les occupations et plaisirs de la civilisation. Ce serait autant de partisans gagnés pour de nouvelles phalanges.

J'ai dit que le minimum en logement, nourriture, vêtemens, doit être assuré à tous les sociétaires ; mais cela ne veut point dire qu'ils doivent s'y limiter ; ce serait aller contre le principe d'*inégalité* de fait, base d'association. Chacun, riche ou pauvre, possédera le minimum ; mais il y aura des tables et des logemens de divers prix, et chacun sera libre de faire une plus forte dépense, selon ses moyens. Le principe d'inégalité, c'est-à-dire de respect à la propriété, à la spontanéité des penchans, à la différence des fortunes, ce principe forme l'essence même de la doctrine de l'association; toucher au principe, ce serait anéantir la doctrine.

Je n'ai voulu ici qu'établir les bases d'un plan précis démontrant les bénéfices d'une réalisation, adaptée à telle ou telle localité.

J'ai voulu établir qu'il faut d'abord, avant tout, accorder le minimum des choses de nécessité aux *travailleurs*, à la condition du *travail*. Le concours de tous les bras, de toutes les capacités, de toutes les intelligences, doit être par avance assuré à l'association; à cette condition, la phalange (qui n'est autre que la totalité des sociétaires), se charge de l'entretien et de la subsistance de tous, du soin des malades et des infirmes, de l'éducation des enfans, etc. Par cet arrangement, les travailleurs sont assurés de leur subsistance, et la phalange est assurée de la main-d'œuvre; elle ne la fait jamais entrer dans le devis des dépenses pour les travaux. La main-d'œuvre, les bras, ainsi que les talens des travailleurs, forment autant partie de sa richesse positive que le capital, le bien-fonds.

D'autre part, l'existence des travailleurs étant assurée ainsi que la main-d'œuvre, les capitaux par contre-coup ont une entière garantie comme placement, et perçoivent à leur tour le *minimum*, qu'on peut élever hardiment à huit pour cent. Le talent de son côté réclame ; on lui accorde une rétribution équivalente de l'intérêt du capital. Qu'on ne perde pas de vue que, bien qu'à la répartition des bénéfices, le travail, le capital, le talent, soient considérées comme trois facultés distinctes, néanmoins, le même individu peut réunir ces trois facultés, et avoir droit aux trois parts de dividende. Il est certain même qu'au bout de quelques années, chaque associé sera à la fois travailleur et actionnaire, et aura sa part de dividende comme chef dans l'une ou l'autre branche des travaux.

Ce bénéfice serait déjà suffisant pour la prospérité de la commune ; mais il ne le serait point pour entraîner forcément à l'imitation générale. Aussi la Providence a-t-elle réservé bien d'autres richesses à l'association. Quand on aura prélevé le minimum pour les travailleurs, le huit pour cent aux capitalistes, et une rétribution proportionnelle au talent, il y aura encore de très-grands bénéfices à partager. C'est là ce que les fondateurs devront démontrer par chiffres rigoureux et positifs. J'ose dire, par les calculs que j'ai déjà faits moi-même, que les résultats dépasseront toute prévision. Je ne consigne pas ici ces calculs, parce qu'ils sont incomplets, parce que je n'ai pu encore les adapter à une localité, et parce qu'il est absolument nécessaire de se faire aider d'hommes spéciaux, agriculteurs, industriels, etc. Si je donne simplement les bases de ce travail, c'est pour encourager d'autres à en prendre l'initiative. Il serait très-heureux que divers groupes phalanstériens s'en occupassent simultanément ; on pourrait de la la sorte confronter leurs calculs, qui, d'ailleurs, différeront toujours d'après la diversité des produits et des industries, dont chaque localité est susceptible. Qu'on ne s'imagine point que tous les efforts convergeront vers une seule phalange, et qu'on la verra s'élever lentement et majestueusement avec la prétention d'imprimer peu à peu l'unité au reste du monde. L'on doit bien plutôt croire qu'aussitôt que les fondemens d'une première phalange seront jetés, une foule d'autres surgiront sur toute la terre; partout le ménage familial fera place au ménage sociétaire; partout les travaux s'organiseront par larges associations. Toutes se prêteront, dès leur naissance, un secours mutuel; à mesure qu'elles se rapprocheront, elles auront moins de contact avec les civilisés; et se créeront de plus en plus une existence en propre. Comme leurs cultures et leurs industries seront diverses, elles échangeront mutuellement leurs produits pour leur consommation intérieure, sans chercher davantage des débouchés dans la civilisation. Le numéraire de plus en plus insuffisant, comparativement au nombre croissant des transactions, sera remplacé presqu'en totalité par les actions mêmes des phalanges, papier-monnaie parfaitement garanti, puisqu'il sera représentatif de l'immeuble total, et plus avantageux que le numéraire même, en ce qu'il portera un intérêt toujours croissant. Lorsque les phalanges, accroissant de nombre, seront voisines, elles ne prendront plus de salariés dans la civilisation, mais s'enverront mutuellement des groupes de travailleurs, pour activer telle culture, telle industrie, pour prêter la main dans tels travaux urgens. Ce sera le moment où l'association, jusqu'alors tolérée par la civilisation, y tenant par tous les bouts, en contact et en rapports journaliers avec les civilisés, tout à coup se sentira la plus forte, et sans pour cela entrer en lutte, ni leur devenir hostile, ni prétendre les attirer de force, se contentera de se replier sur elle-même, d'exister par elle-même, de vivre de ses lumières, de ses richesses, de son harmonie, de son bonheur. Or, que deviendra la civilisation, le ménage familial, le morcellement avec la concurrence, la lutte, la misère, tous ses maux et tous ses désordres, en face des phalanges resplendissantes? Peut-on douter que tout ce qui en restera ne s'écroule de soi-même avec autant de rapidité que le sable qui se dissipe sous l'ouragan, ou que la neige qui fond aux chaudes haleines du printemps, pour laisser apparaître tout à coup un lit de verdure? Les commencemens de l'association seront lents et pénibles ; elle aura tout à la fois à lutter contre la civilisation, et à l'attirer ; mais ses progrès seront rapides comme l'éclair, et le jour où elle sortira enfin triomphante de la lutte, le morcellement s'abîmera tout d'un coup, sans qu'il en reste, pour ainsi dire, de vestiges.

J'ai posé les bases d'un travail préparatoire, qui démontrent les bénéfices d'une commune sociétaire. Ce travail ne suffit point, il faut encore démontrer l'organisation et la marche des travaux ; il faut démontrer l'ordre et l'harmonie.

CHAPITRE VIII.

ORGANISATION DU TRAVAIL.

Nous avons supposé la réunion de trois à quatre cents familles, de fortunes inégales, de penchans, caractères, spécialités, vocations diverses. Nous les avons supposées réunies dans un vaste bâtiment nommé phalanstère, tant pour vivre en ménage sociétaire que pour l'exploitation intégrale des travaux agricoles, industriels, domestiques.

J'ai fait préjuger l'immense économie du ménage sociétaire, et de la consommation sur lieux des produits agricoles et industriels.

J'ai ajouté que le bénéfice net était l'excédant des produits, et que dans un plan de réalisation, il fallait déterminer positivement ces produits par des chiffres exacts.

Reste à organiser les travaux.

Dans la société actuelle, chacun travaille à part, dans ses bureaux, dans ses magasins, dans son cabinet, ou bien, si l'on se réunit dans des ateliers, c'est pour coopérer à des travaux exactement semblables, en se soumettant à la règle despotique d'un chef. Dans ces réunions, on reste encore isolé, et c'est la nécessité qui ploie au joug du maître. Voyez des écoliers courbés uniformément sur leurs livres d'études; voyez les employés dans les administrations; voyez les soldats faisant l'exercice; les ouvriers et ouvrières dans les fabriques, et les manufactures. Chacun est isolé, même en réunions très-nombreuses; le travail est triste, continu, monotone. Jusqu'aujourd'hui la seule règle qu'on ait employée dans les travaux a toujours été l'uniformité, engendrant le dégoût et l'ennui. C'est l'uniformité, l'isolement, la continuité, qui rendent les travaux généralement répugnans; il n'y a que la nécessité de gagner sa subsistance, et le despotisme du maître, du chef, du directeur, qui puissent y soumettre la masse des travailleurs à tous les degrés de l'échelle sociale. Or, ce que l'homme veut, c'est la variété dans les travaux, et le contact de ses semblables, d'où naissent des rapports affectueux, et la liberté de suivre ses penchans, de consulter ses diverses vocations, de se classer soi-même selon sa capacité.

La commune sociétaire nous offre la variété des travaux agricoles, industriels et domestiques, artistiques et scientifiques, et environ dix-huit cents personnes de tout sexe, de tout âge, de divers penchans, facultés, vocations.

L'uniformité et l'isolement des travaux deviennent impossibles dans ce milieu. Les travailleurs en contact perpétuel, par le fait du ménage sociétaire, doivent nécessairement se réunir dans leurs occupations et les varier.

Le contraire de l'uniformité, c'est la confusion. Elle est également hors des lois naturelles. La création nous présente dans toutes ses parties le spectacle de l'ordre et de l'harmonie. Fourier nous en a révélé la loi, et l'a appliqué à tous les travaux des hommes, sous la condition de l'association qui seule la rend possible. C'est la loi sériaire, la distribution de tous les travaux par groupes et séries, distribution dont le firmament et toute la nature nous offrent le tableau harmonique.

L'*unité*, c'est Dieu. Il est partout, indivisible, il est *un*, et embrasse l'infini, l'éternité. Le *nombre*, c'est le créé ; la série, c'est l'*ordre*, c'est la *mesure* dans le nombre, d'où naît l'harmonie ; hors la série, il n'y a qu'uniformité désespérante, ou bien confusion désordonnée, et l'une et l'autre sont également contre les lois de la nature. La première engendre un ordre factice ; la seconde engendre la discorde et l'anarchie. L'harmonie musicale nous donne l'idée la plus juste de l'ordre sériaire dans sa base fondamentale, l'accord parfait; ses gammes ascendantes et descendantes, et ses modulations infinies. Les couleurs, les astres, les règnes de la nature, tout ce qui existe dans le créé, nous donne exemple de larges séries, formant bases pivotales, remplissant leurs intervalles par nuances et transitions, se divisant et subdivisant à l'infini par groupes et sous-groupes, se croisant, s'embranchant, formant des modulations successives, en passant dans des tons divers, sans jamais perdre la note de transition, faisant naître les accords des discords, pour aboutir en résultat à l'harmonie complète de toutes les parties. L'histoire de l'humanité ne se détache dans notre esprit que par phases ou séries. Notre esprit même ne s'exprime que par groupes de pensées; une idée jaillit dans notre esprit sous forme d'unité; mais pour l'exprimer, pour la décomposer à nous-mêmes, nous ne pouvons employer que la série, la loi du nombre, la loi des unités ajoutées successivement les unes aux autres dans un ordre mesuré. Il est dans notre nature d'avoir un besoin absolu de règle, d'ordre, de mesure; or, tout ce qui est ordre, mesure, dérive de la série. C'est une loi à laquelle il n'est pas en notre pouvoir d'échapper; nous ne pouvons que la fausser. Les sociétés humaines, dans leur incohérence, leurs divisions, leur anarchie, renferment cependant tous les germes des séries, mais de séries faussées, et n'engendrant qu'une succession de discords, comme si un enfant venait taper aux hasard sur un instrument abandonné, et de même que la justice naît invinciblement de l'ordre, de même l'injustice naît du désordre : c'est le spectacle que nous offre la société actuelle.

Dans l'association par phalanges, la loi sériaire, harmonisant d'abord les travailleurs au sein de chaque phalange, harmonisera encore le monde entier, en faisant aboutir les organes de toutes les phalanges du monde au congrès sphérique, représentant l'unité sociale. Toutefois, cette unité ne sera que relative ; notre globe ne formant lui-même qu'un point dans l'espace, un des termes de la série des mondes, s'étendant, se divisant, se multipliant à l'infini, pour aboutir à l'unité Dieu.

Je m'arrête, je ne veux nullement ici exposer la théorie de la science, mais en poser les principes fondamentaux, et en faire découler les conséquences pratiques.

Dans la commune sociétaire, tous les travaux sont divisés par séries, qui elles-mêmes se divisent et subdivisent en groupes et sous-groupes. Les séances pour chaque groupe sont de deux heures ; les travaux ne discontinuent point pour cela, mais les divers groupes de travailleurs attachés à chaque branche de travaux ont la faculté de se relayer de deux en deux heures. Chaque individu s'adonne ainsi à une quantité de travaux divers, et fait partie de tous les groupes et séries attachés à ces travaux. La division parcellaire du travail facilite les apprentissages et la pratique dans les diverses branches des travaux agricoles, industriels et domestiques (1).

Par cette division des travaux en groupes et séries, l'on évite l'uniformité et la confusion. Il n'y a plus pour le travailleur le triste isolement, ni l'insupportable monotonie, puisqu'il travaille en groupe, et varie son travail s'il le veut, toutes les deux heures. Enfin, il n'est plus forcé, comme dans l'état actuel, à embrasser le métier ou la profession qui le plus souvent lui répugne. Il consulte sa vocation, il obéit à ses penchans; c'est en suivant l'impulsion de la nature, qu'il s'adonne à vingt ou trente travaux différens, car la nature lui donne ces vingt ou trente penchans et vocations.

Si, d'une part, le travail par groupes engendre à un haut degré l'émulation entre les membres de chaque groupe, et les groupes divers, qui travaillent simultanément aux yeux

---

(1) Voyez Traité d'Association, Destinée sociale, Fourier et son système.

de tous, et cherchent à se surpasser dans la perfection des produits ; d'autre part, l'esprit de groupe ne saurait dégénérer en esprit de corps, ni l'émulation en rivalité permanente, à cause de l'engrenage des groupes et séries. Car, chaque individu appartenant à vingt ou trente groupes, embrasse chaleureusement et tour-à-tour les intérêts de tous ces groupes divers ; de sorte, que si les individus d'un groupe se trouvent momentanément en rivalité avec les individus de tel autre groupe, ces mêmes individus peuvent se trouver réunis l'heure qui suit, dans un groupe nouveau, où ils rivalisent avec d'autres individus, et ainsi de séance en séance. En résumé, les groupes sont en émulation et rivalité perpétuelle, mais point les travailleurs qui ne tombent en discords momentanés, que pour former de nouveaux accords, d'où naît l'harmonie et le ton général.

J'ai cherché dans ces quelques lignes à exprimer dans les termes les plus simples le mécanisme des travaux par groupes et séries ; je laisse de côté les accords des passions qui en résultent, substituant la loi d'attraction à la loi de contrainte. Je veux ici traiter uniquement de l'organisation pratique des travaux.

Or, ce mécanisme si simple, si naturel, entraîne de grandes difficultés pour la première mise en œuvre; il suscite une foule d'objections et d'incertitudes que je n'ai pas encore entendu résoudre pleinement. Je voudrais donc, de même que pour la démonstration des bénéfices, un plan détaillé de l'organisation des travaux, qui ne laissât aucun doute sur leur marche suivie et harmonique.

Fourier donne pour toute règle la loi d'attraction. Mais encore faudra-t-il organiser les travaux d'après la loi sériaire pour que l'attraction puisse naître. L'attraction ne peut précéder l'organisation, puisque cette dernière doit enfanter le nouveau milieu social. Ne perdons jamais de vue que l'attraction suffira à conduire les enfans élevés dans le milieu harmonique, ayant joui, dès le plus jeune âge, de la liberté et de l'abandon à leurs impulsions diverses; mais qu'elle ne saurait devenir règle de gens élevés comme nous l'avons été tous dans un milieu vicieux, dont nous garderons long-temps, même en harmonie, les erreurs, les préjugés, et les passions subversives. Les hommes ne peuvent ainsi passer subitement des ténèbres à la lumière, de l'esclavage à la liberté. Il faut que le vieil homme dépouille peu à peu son vêtement, pour s'orner de sa nouvelle robe éclatante de blancheur. En un mot, ce n'est point l'attraction qui fera naître l'organisation sériaire, mais bien cette dernière qui enfantera graduellement l'attrait et le choix libre. Il faut donc organiser d'abord les travaux; pour cela, prendre l'initiative, et dresser le plan d'organisation. On ne peut pas s'imaginer raisonnablement qu'il suffise dans la fondation d'une commune, de faire appel au hasard à des sociétaires, les accepter en masse comme ils se présentent, et leur laisser le choix de se grouper et se classer, de travailler comme ils l'entendent, ou de se croiser les bras, s'ils le préfèrent. La confusion et le plus effroyable désordre ne pourraient à coup sûr manquer de naître d'un tel état de choses. Il faut donc formuler les conditions du travail, l'ordre, la règle, à laquelle tous devront se soumettre, faire toucher au doigt et à l'œil comment s'organisera ce travail, et comment les travaux marcheront, comment dix-huit cents personnes travailleront en harmonie, sans discorde ni confusion.

J'ose le dire, si la réalisation a été retardée jusqu'aujourd'hui, c'est faute d'un plan qui résolve les difficultés, et démontre l'organisation intérieure de la commune. Comment engager soi, sa famille, sa fortune, dans une association qui n'offrirait pas de garantie certaine d'ordre, de régularité, d'une marche positive qui assure l'avenir?

L'idée même de liberté et d'attraction, qui nous sont promises par Fourier, comme résultat de la loi sériaire, ne peut être que très-confuse dans nos pauvres têtes accoutumées aux idées fausses de l'éducation actuelle. Nous avons beau vouloir nous figurer l'harmonie, nous nous représentons le régime d'attraction comme une sorte de chaos où chacun tire à soi, ou bien aussi comme un ordre social où l'homme reçoit une impulsion tellement forcée, tellement fatale, tellement instinctive, animale, que la volonté n'ait plus rien à faire, que nous n'ayons plus conscience de notre être, de notre puissance sur nous-mêmes et le monde extérieur. C'est là une grande erreur; l'organisation des travaux et de toutes les fonctions et distributions sociales par groupes et séries, est un nouvel ordre social d'où la liberté naîtra spontanément, et où la justice éclatera pour tous; mais ce n'en sera pas moins un ordre, une règle à laquelle il faudra se soumettre. Cette règle sera insensible aux harmoniens futurs; elle sera pour eux comme le soleil qui nous éclaire le jour et se dérobe la nuit; elle sera pour eux comme toutes les lois naturelles; il leur semblera qu'aucun autre ordre n'a jamais pu exister; et il ne leur viendra pas à l'idée de le combattre, de s'y soustraire. — Mais nous, enfans de la civilisation, accoutumés à la lutte, à la révolte, si l'on nous abandonnait tout à coup aux fantaisies de notre imagination, nous voudrions bouleverser la création même, et la faire rentrer dans le chaos. Nous ne sommes capables que d'abuser; le régime de contrainte nous a gâtés tous. Dans la première organisation des communes sociétaires, il faudra formuler bien positivement l'ordre, la règle; et il faudra nous y plier. Nos enfans nous donneront exemple de l'attraction véritable; pour eux, l'ordre sera la liberté; ils s'y soumettront spontanément comme au changement des saisons, comme aux feuilles qui tombent, comme aux bourgeons qui naissent, comme aux fleurs qui précèdent les fruits, comme à l'enfance qui engendre l'adolescence, comme à la vieillesse qui conduit à la mort. Ils s'y soumettront comme à l'ordre, à la règle de la création entière; comme à une chose immuable et juste en son essence, qui est et qui doit être. C'est à l'aspect du bonheur, de l'harmonie, de la liberté, de l'équilibre de toutes les facultés et de toutes les passions, dont nos enfans nous donneront exemple, que nous comprendrons les vices de notre éducation première, que nous nous corrigerons graduellement, que nous jouirons dans nos enfans avant de jouir en nous, et que nous prendrons exemple d'eux, en nous harmonisant avec eux et par eux.

Je vais donc jeter les bases d'un plan d'organisation du travail, comme je le conçois d'après les principes de Fourier. Que d'autres le modifient, ou imaginent mieux. Je veux seulement faire comprendre la nécessité absolue d'un plan marquant l'ordre, la règle, l'organisation totale, afin de procéder avec sûreté à la réalisation.

D'abord, la première question que l'on pose, c'est de savoir qui prendra l'initiative de la réalisation, qui sera le fondateur ou les fondateurs de la première commune sociétaire, comment seront-ils élus, acceptés par les masses? D'où naîtrait leur droit de régénération sociale, si ce n'était de l'élection des masses, de la volonté générale?

Je répète ici les questions qui m'ont été adressées, et qui d'ailleurs se présentent naturellement à l'esprit.

Je n'hésite pas dans la réponse.

Qui prendra l'initiative ?

Celui ou ceux qui en auront la capacité ou les moyens, et qui se poseront comme fondateurs ; s'ils possèdent réellement les moyens et la capacité, on ira à eux, on acceptera leur initiative, et cette acceptation de fait équivaudra à l'élection qui constitue le droit.

Tous les génies bienfaiteurs du monde ont éclos spontanément, et se sont posés maîtres et initiateurs par le fait du génie. L'acceptation des masses a constitué leur droit. Il n'y a pas de charlatanisme possible dans l'initiative d'une grande idée ou d'une grande œuvre. Il faut faire preuve de talent et de dévouement, ou voir ses prétentions tristement avorter.

Non, dira-t-on, il faut faire jaillir les fondateurs par l'élection. Mais quels seront les électeurs, et par qui seront-ils élus ? Où remonter pour trouver le principe en droit d'un fait qui n'existe pas encore ?

Il en est de l'élection comme de l'attraction. Ce sont deux faits qui ressortiront spontanément de l'organisation sériaire des travaux, mais qui ne peuvent être base de cette organisation.

Il est aisé de se figurer, lorsque tous les travaux seront distribués par groupes et séries, comment chaque série et chaque groupe pourront par élection nommer les plus capables pour diriger les travaux, et approuver ou rejeter toutes les mesures générales. Mais avant qu'il n'y ait organisation, il n'y a pas d'élection possible, ou du moins elle ne saurait engendrer les capacités. Si elles existent, elles prendront l'initiative, et sauront se faire accepter par la force des choses.

Je suppose donc des fondateurs qui prennent l'initiative de la réalisation.

Ces fondateurs en résultat releveront des capitalistes, s'ils ne le sont eux-mêmes ; par la raison que le capital aujourd'hui est la force dominante, et que le travail et le talent lui sont assujétis. C'est là un fait contre lequel on se débattrait en vain. On ne saurait fonder une phalange sans capitaux. Donc, ou bien les capitalistes en seront les fondateurs, ou bien ils nommeront à la direction les capacités dans lesquelles ils auront confiance. Qu'on retourne la question comme on veut, on trouvera toujours en résultat pour premier support de la fondation, les actionnaires, soit qu'un seul individu les représente, soit qu'ils se divisent en cent mille. Les cent mille actionnaires ou le propriétaire unique ne confieront leurs fonds qu'à des hommes capables, ou du moins à ceux qu'ils jugeront tels.

Or, voici la conclusion que je tire de ces considérations.

Nous phalanstériens, devons chacun pousser de tous nos moyens à la propagande et à la réalisation, et nous associer de cœur à tous les efforts qui tendent au même but. Nous ne pouvons faire naître les fondateurs s'ils n'existent pas encore, si la Providence ne les a pas envoyés. S'ils existent, ils prendront l'initiative, et sauront se faire reconnaître à des signes certains, *au bon sens et au dévouement*. Chacun de nous, *s'il croit en posséder les moyens et la capacité*, a le droit de prendre l'initiative, et de faire appel. Ce droit sera naturellement sanctifié ou annulé par l'acceptation ou le rejet des masses : c'est-à-dire par le *fait*, par le concours des masses, ou par leur indifférence.

Nous supposons donc un ou plusieurs fondateurs prenant l'initiative d'une réalisation, et proposant un plan pour l'organisation et la marche des travaux.

Voici quelles pourraient être les bases de cette organisation.

D'abord, il y aura un choix à faire pour les sociétaires.

Il est impossible que l'on songe à accepter indistinctement les premiers venus.

Le choix doit porter, autant que possible, sur de bonnes et honnêtes gens. Le vrai disciple de Fourier a dans l'âme l'indulgence la plus entière pour toutes les fautes et toutes les erreurs. A ses yeux, les fripons, les escrocs, les courtisanes, sont les victimes d'un état social vicié. Leurs fautes, leurs crimes, sont résultat de passions subversives, qui, en harmonie, n'eussent produit que des effets salutaires. Toutefois, ces parias de la civilisation n'en sont pas moins dans un état complet de subversion morale et intellectuelle. Leur présence serait très-nuisible dans les commencemens de l'association, où les passions ne se redresseront pas d'un coup, mais lentement et progressivement. Les admettre, ce serait donc multiplier les difficultés. D'ailleurs, *les honnêtes gens*, ceux qui ont le nom d'être tels, ne voudraient point se trouver en contact avec ceux qu'ils ont le droit d'appeler *malhonnêtes*. Or, il ne s'agit pas pour nous fouriéristes, de prétendre rectifier les préjugés, mais bien de réaliser l'association, avec les élémens de ce qui est, en écartant les obstacles au lieu de nous y briser. C'est par l'effet même du nouveau milieu social, que les idées fausses se rectifieront, et que les esprits se trouveront assainis.

Plus tard, lorsque l'association aura pris des racines profondes, et que la société entière se transformera subitement comme sous le coup d'une baguette enchantée, tous ces êtres abjets, aujourd'hui plongés dans les fanges les plus hideuses de la misère et de la corruption, trouveront une place toute faite dans le nouvel état social, et ils participeront immédiatement à l'aisance, à la considération et au bonheur général. Leur passé sera totalement effacé. Ils se trouveront mêlés, confondus avec l'élite des hommes probes et dévoués, des femmes pures et chastes; leur passé sera anéanti à leurs propres yeux. Ils se transformeront spontanément. Leurs plus mauvaises passions prendront un cours directement opposé. Les plus méchans pourront encore devenir les meilleurs. Oh! quel jour que celui où toutes les fautes seront oubliées, toutes les erreurs anéanties, où nous serons tous comme nés d'hier, ayant reçu le baptême rédempteur, et nous tendant la main, pleins de confiance, de joie et d'amour.

La seconde condition doit être, au moins pour les deux tiers des sociétaires, une spécialité dans les travaux agricoles, industriels et domestiques.

La base de l'association, c'est l'organisation du travail. Comment organiserait-on le travail sans travailleurs, sans praticiens, sans spécialités ? Il faut donc au moins les deux tiers d'ouvriers, maîtres ouvriers, paysans, agriculteurs, qui possèdent entre eux les spécialités diverses qu'exigent les divers travaux agricoles, manufacturiers, domestiques. Sinon, comment ferez-vous marcher les travaux ? Lorsqu'une première génération aura été élevée dans l'association, et que l'on voudra, par exemple, envoyer un essaim colonial dans les déserts de l'Afrique, devenus fertiles, l'on pourra choisir au hasard quelques centaines de familles ; car tous, hommes, femmes, enfans, élevés dans l'état sociétaire, seront exercés dans la pratique de trente ou quarante métiers, professions, industries diverses; tous seront également propres à faire fleurir de nouvelles phalanges. Tandis qu'aujourd'hui la classe ouvrière seule possède la pratique de l'agriculture et de l'industrie; et encore, chaque ouvrier, chaque paysan ne possède qu'une seule branche d'industrie, quelques divisions parcellaires du travail. Il faudrait cependant, pour engréner spontanément tous les travaux en groupes et séries, que chaque sociétaire possédât vingt ou trente industries. Ils n'en feront qu'un lent apprentissage; les vocations naturelles, endormies dans la civilisation, se développeront en présence du travail organisé dans toutes les branches; mais encore faudra-t-il d'abord organiser le travail : or, comment organiser les groupes et séries, dans toutes leurs spontanéités et variétés, ce qui exigerait au moins trente spécialités diverses dans chaque travailleur, tandis que les deux tiers n'en possèdent qu'une seule, et que l'autre tiers n'en possède en quelque sorte aucune. Ce sont là des difficultés positives, que l'on ne saurait vaincre, ni en les niant, ni en les éludant. Il faut, au contraire, se les poser, et aviser aux moyens de les surmonter. Ils consistent à organiser le travail de manière à ce que les cadres des groupes et séries soient tracés, et puissent se remplir et se perfectionner successivement, à mesure que les travailleurs s'initient dans un plus grand nombre de travaux.

Voici comment je tracerais ce cadre au plan d'organisation des travaux dans une commune sociétaire.

Les travaux présentent trois grandes séries. Les travaux agricoles, industriels, et domestiques. Or, il faut d'abord placer des chefs ou directeurs à ces divisions, et les subdiviser ensuite en nouvelles séries et un nombre de groupes et sous-groupes.

La partie la plus importante des travaux, c'est l'agriculture. Elle embrasse tous les genres de cultures que comporte le sol. Elle est susceptible d'améliorations, de perfectionnemens. Elle exige de vastes connaissances, et une longue pratique dans le directeur. Aussi, est-ce le choix le plus important pour la commune ; du directeur des travaux agricoles, dépendra la prospérité générale, le revenu annuel, l'emploi principal des forces productives.

L'industrie offrira diverses branches, exigeant chacune un chef capable, qui possède des connaissances spéciales pour les diriger.

Les travaux domestiques se divisent et subdivisent également en diverses parties, demandant chacune une direction spéciale. Ce seront presque toutes femmes qui dirigeront dans cette partie. En association, les femmes posséderont immédiatement un très-grand avantage sur les hommes des classes aisées. Ces derniers adonnés, pour la plupart, aux travaux improductifs de la civilisation, se trouveront d'abord très-incapables pour tous les travaux utiles et productifs de l'association ; au contraire, les femmes généralement seront propres à tous les travaux domestiques, cuisine, couture, blanchissage, éducation des enfans, etc., aussi attrayans en ménage sociétaire, qu'ils leur sont fastidieux en ménage familial, où chaque maîtresse de maison est chargée de tous les détails, ou bien de toute la surveillance. En association, les travaux domestiques s'exécutent, comme tous les autres travaux, par groupes et séries, et les sectaires qui y fonctionnent, hommes, femmes, enfans, participent également, selon leurs penchans et vocations, aux travaux agricoles et industriels.

Le plan que je propose pour l'organisation des travaux, plan qui ne pourra être tracé que d'après les localités (convenance du sol, du voisinage, des cultures et bâtisses existantes), ce plan consiste donc :

1° A tracer en détail tous les travaux agricoles, industriels et domestiques, dans leurs divisions et subdivisions par séries, groupes et sous-groupes. Énumérer les diverses séries des travaux agricoles, telles que vergers, potagers, céréales, pâturages, forêts, éducation des bestiaux, soins de la volaille, du gibier, du poisson, etc.; marquer les spécialités diverses de chacune de ces séries, la division parcellaire dont chaque branche des travaux est susceptible, leurs variations d'après les époques diverses de l'année, etc.

2° Énumérer les diverses séries des travaux industriels, telles que la fabrication de la laine, de la toile, du vin, de l'huile, du beurre, du fromage, etc.; toutes fabrications dont l'agriculture apporte les matières premières; ou bien, telles que la cordonnerie, la confection des habits, des robes, de tout ce qui concerne la toilette des hommes et des femmes, au total toute industrie procurant à la commune des objets de nécessité ou de luxe, objets de consommation journalière; ou bien encore, des industries qu'elle s'adjoint pour occuper les bras en toute saison, telles que la menuiserie, l'ébénisterie, l'horlogerie, etc., et marquer les divisions et subdivisions de chacune de ces branches de travail.

3° Énumérer les diverses branches ou séries des travaux domestiques, telles que cuisine, blanchissage, nettoyage, approvisionnemens, conserve de vins, fruits, légumes, œufs, etc., et tant d'autres branches de travaux d'intérieur, formant de vastes séries, se divisant et subdivisant en une quantité de parties et de parcelles, représentant toujours les groupes et sous-groupes.

4° Vient encore l'énumération des spécialités industrielles, dont la commune n'a besoin que par occasion, telles que maçon, charpentier, maréchal-ferrant, serrurier, etc., pour les réparations accidentelles. Quelques ouvriers de chacune de ces spécialités suffisent par commune, et, de plus, font partie de la série des instituteurs, afin que d'autres sociétaires ou de jeunes enfans s'initient promptement dans leurs métiers.

5° Vient encore la série des travaux intellectuels, dont la base pivotale est l'enseignement, auquel chacun, à tout âge, participe, soit comme maître, soit comme élève, et joint constamment en ces deux qualités, la théorie à la pratique. Viennent les groupes d'artistes poètes, peintres, littérateurs; puis les groupes de médecins, chirurgiens, les groupes de savans dans toutes les branches des sciences : tous participent à l'enseignement, préparant de la sorte la nouvelle génération à être initiée en masse aux arts, aux sciences, à la médecine, à la chirurgie.

Il est inutile de dire qu'aucuns travailleurs, principalement les savans et les artistes, ne sont obligés de varier leurs travaux de deux en deux heures. Fourier a jugé que, dans l'ordre naturel, les travailleurs éprouveront généralement le besoin de variété à ces courts intervalles. Mais, dans les commencemens de l'association, cette règle sera tout-à-fait inapplicable. D'abord, parce que les sociétaires n'auront que des connaissances très-restreintes, et ne seront capables de s'adonner qu'à un petit nombre de travaux; ensuite, parce qu'imbus des coutumes de la civilisation, accoutumés à la routine, à la monotonie, ils n'auront pas même ce besoin de variété, de changement, que Fourier nomme *papillonne*.

Ils apporteront généralement un formidable penchant à l'intrigue (que Fourier nomme *cabaliste*), qui trouve ample aliment en civilisation ; mais ils seront très-peu susceptibles de fréquents alternats dans les occupations, et moins encore de fougue, d'ardeur, d'enthousiasme; des jouissances simultanées de l'âme et des sens (que Fourier appelle *composite*). Ces trois passions mécanisantes des travaux, seront loin de se trouver en équilibre, et de contribuer en part égale à leur activité ; le besoin de variété, le besoin d'enthousiasme sont étouffés en civilisation ; nous sommes mutilés au moral comme au physique ; nous sommes tous plus au moins paresseux et routiniers, de même que nous sommes faibles de tempérament, chétifs de constitution. Dans l'association, les passions ne prendront leur essor en juste équilibre, que chez les enfans, par l'éducation unitaire. Les pères et mères remédieront aux imperfectionnements de leur nature viciée, par le sentiment du devoir et du sacrifice, et s'en consoleront à l'aspect du magnifique développement, imprimé à la nouvelle génération.

Les travaux seront donc partagés en courtes séances de deux heures ; c'est un des principes fondamentaux de l'association, il faut le respecter; mais chaque travailleur aura la faculté de recommencer la séance au même travail, ou bien d'aller se grouper dans quelqu'autre série.

Le plan que je demande, offrirait donc le tableau minutieusement détaillé de tous les travaux de la commune, — travaux appliqués aux besoins et aux ressources des localités, — travaux divisés et subdivisés par branches, parties et parcelles, représentant les séries, les groupes et sous-groupes.

Lorsque ce tableau aurait reçu la plus grande publicité, et que les sociétaires viendraient se présenter, ou bien qu'on irait les engager, voici donc les conditions qu'il y aurait à faire, représentant l'ordre, la règle de l'association.

Chaque sociétaire, homme ou femme, le tableau sous les yeux, devrait s'inscrire pour les diverses branches de travaux où l'appelleraient son goût et sa vocation, soit qu'il en possédât la pratique, soit qu'il s'offrît comme apprenti.

Les fondateurs de la commune, feraient choix de chefs spéciaux pour chaque branche des travaux agricoles, industriels, domestiques.

Chaque directeur de ces branches diverses, représentant les séries, ferait choix dans sa partie des chefs représentant les groupes, et des sous-chefs représentant les sous-groupes.

Les travailleurs s'inscriraient eux-mêmes dans les divers groupes, sous-groupes, et séries.

Lorsque le tableau serait rempli, le travail s'organiserait dans la pratique comme par enchantement. Chacun se trouverait à son poste; chaque chef se verrait entouré de son groupe de travailleurs; chaque directeur de série étendrait sa surveillance au nombre de groupes que comprend sa série.

Chaque chef et sous-chef est maître absolu

dans le groupe ou la série de groupes qu'il dirige, durant toute la durée du travail.

Il est impossible, on doit le concevoir, que les travaux marchent sans chefs qui dirigent et commandent, et sans travailleurs qui obéissent. Mais l'obéissance n'est point pénible, puisqu'elle n'a lieu que vis-à-vis le plus capable, qu'elle ne dure que le temps de la séance, et que chaque travailleur a chance de commander à son tour dans d'autres groupes.

Mais les chefs seront-ils les plus capables ? N'y aura-t-il pas faveur, privilége, comme dans les emplois que l'on accorde aujourd'hui ?

La faveur, le privilége ne pourront avoir lieu dans l'état sociétaire, parce qu'il est basé tout entier sur l'organisation des travaux positivement utiles, et que chacun sera jugé par ses pairs, et d'après ses œuvres. Dans tous les emplois de la phalange, agriculture, industrie, travaux domestiques, sciences et arts, il faut nécessairement des connaissances pratiques et positives, et il faut chaque jour pratiquer aux yeux de tous. Impossible de feindre, de dissimuler ; chaque travailleur a dix-huit cents personnes qui le surveillent, le jugent, et sont intéressées à ce que les travaux soient dirigés par les plus capables, et que chaque sociétaire soit classé de manière à se rendre le plus utile possible à la cause commune. Il ne s'agit pas de faire de l'esprit, ni des palabres, il s'agit de pratique. Si vous dirigez l'agriculture, faites preuve de connaissances, chaque jour, à toute heure, et dans chaque partie. Si vous dirigez une cordonnerie, faites de bons souliers ; il en est de même pour tous les emplois et métiers. En civilisation, on se trompe soi-même, et l'on trompe les autres sur son mérite ; car personne ne sait précisément en quoi consiste le mérite. Il y a une foule d'emplois inutiles et pernicieux qui détournent, faussent et annulent les facultés. Au contraire, en association, toutes les facultées sont utilisées, prennent un essor juste, et trouvent un emploi convenable ; chaque travailleur est apprécié selon ses œuvres, par la raison que tous les emplois sont positivement utiles, et se trouvent dans l'ordre de choses indiqué par la nature.

Le choix le plus délicat, le plus important est celui de la régence ou administration, c'est-à-dire des délégués de la commune ayant mission de commander les achats, les dépenses, les ventes; de tenir les livres des comptes généraux et du compte détaillé de chaque sociétaire. C'est ici qu'il faut faire choix d'hommes probes, intègres, et d'une spécialité bien positive. La probité est la première garantie; mais on ne doit point pour cela négliger les garanties de contrôle, surveillance, vérification. D'ailleurs, l'administration fait partie de l'association; sa place est dans le tableau à côté des autres groupes et séries; son travail est rétribué proportionnellement comme les autres travaux. Chacun des administrateurs est révocable de ses fonctions par le seul fait que la majorité des sociétaires croirait avoir à s'en plaindre.

L'organisation sociétaire est basée sur l'élection. Les fondateurs ont dû prendre l'initiative de la nomination des chefs, et du choix des sociétaires. Ils ont dû établir l'ordre et la règle; ils ont mis ensemble toutes les pièces du mécanisme, puis ont fait agir les ressorts pour qu'elles marchent. Il ne leur reste plus qu'à surveiller, durant un certain temps, leur accord, leur harmonie, et leur faculté de remettre en place les rouages qui se dérangent. Cette faculté, c'est le principe d'élection. Chaque chef a autorité sur son groupe de travailleurs, pendant la durée des séances; mais chaque groupe, de son côté, a le droit d'élire le nouveau chef qu'il croit le plus capable. Aussitôt que cette organisation est parfaitement régularisée, que les travaux marchent spontanément, que les travailleurs prennent d'accord toutes les mesures partielles par délibérations au sein de chaque groupe et série, ou toutes les mesures d'intérêt commun par délibérations générales, — les fondateurs sont annulés de fait; leurs fonctions cessent; il ne leur reste plus qu'à se retirer, ou bien à entrer dans le sein des travailleurs, à faire part des groupes et séries selon leurs penchans et capacités.

Admettons que les fondateurs voulussent conserver la direction, ou bien que l'un ou l'autre directeur des travaux tentât de s'emparer de l'autorité. Quel pourrait être son droit, son titre? Un seul. La propriété du fonds, ou bien la possession de toutes les actions, représentant la propriété totale. Il serait maître de fait.

Lorsque la société sera entrée pleinement en association, le travail deviendra une propriété aussi sacrée que celle du capital aux yeux de la loi même. Mais aujourd'hui, aux yeux de la loi, le capital seul constitue la propriété.

Si les fondateurs de la commune sociétaire se composaient d'un très-petit nombre de capitalistes ou propriétaires, ou même d'un seul, de fait ils seraient maîtres; ils auraient à la fois la direction et la dictature perpétuelle, et pourraient même changer, selon leur caprice, l'organisation qu'ils auraient d'abord établie.

Or il serait très-fâcheux que l'autorité se trouvât arbitrairement dans quelques mains, et principalement dans les mains de quelques capitalistes.

Il serait fâcheux que l'autorité se trouvât arbitrairement dans quelques mains, parce qu'en se prolongeant au-delà du terme nécessaire, elle porterait obstacle au libre développement des travaux, aux impulsions spontanées, au classement des capacités ; elle fausserait l'ordre et la justice qui ne sauraient être équilibrés et maintenus que par la constitution élective, et le développement graduel de la liberté et de l'attraction. Il faut une autorité qui prenne l'initiative de l'organisation, qui fonde et crée la commune ; mais ses fonctions doivent cesser en même temps que leur utilité. Lorsque la souveraineté du peuple est constituée, il n'a plus de maître, mais seulement des agens. Dans l'état sociétaire, le peuple se compose de tous les associés sans exception. Ses agens sont les chefs des groupes et séries, y compris le groupe administratif.

Il serait surtout fâcheux que l'autorité se perpétuât dans les mains d'un petit nombre de capitalistes. Ceux-ci seraient naturellement portés à avantager le capital, au détriment du travail, dans la répartition des bénéfices. Dès-lors, il n'y aurait qu'un semblant d'association ; le capital continuerait à exploiter le travail, avec plus de sûreté et d'avantages que dans l'état actuel.

Les bases d'association, telles que nous les a révélées Fourier, consistent essentiellement, 1° dans l'inégalité des fortunes, lumières, et variété des penchans, caractères, vocations ; 2° dans la fusion des classes ; 3° dans la répartition équitable des bénéfices au capital, travail, talent. Si une seule de ces conditions essentielles n'est pas remplie, le mécanisme total de l'organisation est manqué.

C'est en faussant l'un de ces trois principes essentiels, que le ménage sociétaire et l'exploitation intégrale des travaux pourraient devenir, dans les mains du despotisme, le plus sûr instrument d'oppression pour les masses, ou bien, dans les mains des privilégiés, le plus sûr instrument de cette funeste féodalité industrielle dont nous menace Fourier, pire cent fois que la féodalité nobiliaire.

Ce danger est d'autant plus à craindre, qu'en total, ce sera toujours le capital qui constituera la commune sociétaire, et que c'est le capital qui a intérêt à constituer, au lieu de l'association au profit de tous, la féodalité industrielle au profit de quelques uns.

Supposons que des capitalistes égoïstes saisissent une seule des faces de l'association selon Fourier, celle qui est à leur avantage: Ils organisent le ménage sociétaire, et l'exploitation intégrale des travaux, en appelant les travailleurs, et restant maîtres du capital, propriétaires de la totalité de l'immeuble. Les travailleurs sont associés entre eux, et possèdent un *minimum* équivalent à la satisfaction de tous les besoins corporels ; leurs enfans sont élevés en commun, et participent aux travaux de la commune. La misère serait extirpée ; le peuple, les masses posséderaient le travail, l'aisance, verraient l'avenir de leurs enfans assuré, seraient soignés dans leurs maladies et leur vieillesse. Eh bien ! tous ces bienfaits tourneraient au détriment des masses, parce qu'à côté de la classe des travailleurs, il y aurait la classe des capitalistes, des propriétaires du sol, et par conséquent propriétaires du travail, pouvant à leur gré le refuser ou l'accorder, et en changer les conditions. Les bénéfices du ménage sociétaire et de l'exploitation intégrale des travaux, sont tels, que les capitalistes propriétaires, tout en assurant un large minimum aux travailleurs, verraient leurs richesses s'accroître prodigieusement. De fait, les travailleurs formeraient toujours une classe opprimée et abrutie ; ils continueraient à être exploités au profit du petit nombre ; l'erreur et le préjugé subsisteraient parmi les masses, parce que les privilégiés auraient intérêt à les y entretenir ; ces deux classes distinctes continueraient à se corrompre, comme on l'a vu en tous temps, par le despotisme d'une part, et l'esclavage de l'autre ; les vices seraient plus hideux, par la raison que les classes seraient à la fois plus distinctes et en contact plus intime; il n'y aurait de bonheur ni pour les unes ni pour les autres, nonobstant le surcroît général des richesses; car les premiers, les exploitans, seraient oisifs et ennuyés, jouisseurs et blasés, puissans et vicieux; les autres, les exploités, seraient abrutis, flatteurs, rampans, tous en guerre les uns contre les autres, jusqu'au moment où tous se réuniraient pour abattre leurs oppresseurs. Et cela, parce que ni les jouissances du luxe, ni la satisfaction des besoins corporels ne suffisent au bonheur des hommes ; il leur faut encore la liberté et tous les biens moraux et intellectuels qui en découlent; or l'homme n'est libre que dans un état social où tous, en naissant, sont égaux en droits, en même temps que les inégalités naturelles sont conservées et justement classées.

L'association selon Fourier, satisfait seule au besoin de liberté, et prépare le règne de la vérité et de la justice. Mais c'est à la condition expresse de la fusion des classes, de l'éducation unitaire, de la répartition équitable des bénéfices au travail, talent, capital.

Si donc il y a des conditions à faire aux travailleurs, aux ouvriers et paysans proprement dits, telles que de s'inscrire pour divers travaux, et tant d'heures de travail, — d'autre part, il y a également des conditions à faire aux capitalistes, et aux personnes aisées qui feraient partie des sociétaires.

Si un ou plusieurs capitalistes et propriétaires offraient leurs propriétés et leurs capitaux pour la fondation d'une commune, sous la condition de rester propriétaires de la totalité de l'immeuble, on devrait refuser dans l'intérêt des masses; car ils se trouveraient de fait propriétaires des produits du travail, et par conséquent maîtres des travailleurs, et des conditions à faire au travail.

Il faut que les travailleurs, les sociétaires

aient la faculté d'apporter dans le fonds commun ce qu'ils possèdent en échange d'actions représentatives de la propriété totale, et de plus qu'ils participent aux bénéfices des travaux, de manière à toujours augmenter leur part au capital. L'association ne sera complète que lorsque tous les travailleurs auront une part inégale, il est vrai, mais enfin une part quelconque dans la répartition des bénéfices au *capital*, au *travail*, et au *talent*. Plus ces trois facultés seront confondues dans chaque individu, et plus la répartition des bénéfices sera aisée, et s'opérera sur des bases équitables.

Il est encore une autre condition à poser aux capitalistes, ou, pour mieux dire, aux personnes aisées qui habiteront la phalange, qu'elles soient actionnaires, ou simplement sociétaires.

Cette condition, c'est que tout sociétaire, quels que soient son rang et sa fortune, participe aux travaux généraux, s'enrôle dans un certain nombre de groupes et séries.

S'il n'y a pas fusion des classes, ainsi que fusion du capital, travail, talent, il n'y aura pas association.

Ce serait un grand mal, qu'il y eût des sociétaires internes, actionnaires ou non actionnaires, qui prétendissent, en payant une pension, vivre à leur gré, en se dispensant des travaux communs.

D'abord leur oisiveté serait gênante aux travailleurs.

Ensuite ils formeraient une classe à part, une sorte d'aristocratie, ce qui serait un germe de jalousie et de discorde entre les travailleurs, le peuple, d'une part, et les oisifs, les gens aisés et polis d'autre part. La démarcation entre ces deux classes existe dans l'état actuel ; l'association doit la faire disparaître graduellement par le mélange des classes dans les groupes et séries des travailleurs, et par l'éducation unitaire, qui, dans la génération nouvelle, assurera la fusion complète de toutes les disparates actuelles, et en même temps anéantira tous les préjugés.

On doit donc poser pour condition à tous les sociétaires, aux plus riches et aux plus intelligens, comme aux plus pauvres et aux plus ignorans, de s'inscrire au tableau pour un certain nombre de travaux manuels. La participation des riches, seulement à une ou deux branches des travaux agricoles, industriels et domestiques, suffira pour réaliser le principe de la fusion des classes. Pourquoi les riches s'y refuseraient-ils? Par préjugé, par mépris des classes ouvrières, et des travaux utiles? S'ils ont ces sentimens, qu'ils ne se mêlent point à nous; mais qu'ils se tiennent à l'écart, et tournent en dérision nos courageuses tentatives, jusqu'au moment où notre exemple les aura convertis, et où ils viendront réclamer leur part des bienfaits sociétaires.

Serait-ce pour cause d'inaptitude? Mais il est dans l'ordre naturel, que tous, les riches comme les pauvres, aient naturellement aptitude à diverses branches de travaux utiles. Même en civilisation, l'éducation et le préjugé ne parviennent pas à étouffer entièrement ces vocations innées. On a vu des rois s'occuper de chasse, de pêche, de serrurerie, d'horlogerie, etc. Nous avons sous les yeux des riches qui s'adonnent, dans leurs loisirs, à des travaux de culture, de jardinage, qui ont la passion, la manie, comme on dit, de construire, ou bien de faire des collections de tableaux, de livres, d'histoire naturelle, etc. ou même de s'exercer à des travaux de menuiserie, de mécanique, de s'immiscer dans les soins intérieurs de ménage, de cuisine, de conserve, etc. Ces goûts sont tellement innés, tellement généraux, qu'on le voit, nonobstant le préjugé, les vices d'éducation, et la difficulté pour les riches de s'y livrer ; — la vocation est la plus forte, elle écarte les obstacles, elle change un roi en serrurier, un millionnaire en charpentier, jardinier.

On peut dire qu'en civilisation, les riches et puissans ont leurs vocations aussi faussées que les pauvres et les infimes. Dieu nous a distribué à tous un grand nombre d'aptitudes pour les travaux utiles, et un nombre moindre pour les travaux intellectuels, ainsi que le requiert la mise en œuvre des forces productives de la nature par le concours des forces humaines. Or, l'éducation actuelle ne fait aucun cas de ces dispositions innées ; les masses, par le fait de leur naissance, sont destinées exclusivement aux travaux manuels ; il ne leur est pas donné de joindre la théorie à la pratique, ni de participer aux sciences, à la littérature, aux beaux-arts. Si quelques individus, comme on le voit quelquefois, s'élèvent au dessus de leur condition par un génie spécial et des circonstances favorables, c'est là une exception rare, et qui prouve en faveur de la spontanéité des penchans, plus forte que les entraves. Au contraire, les classes aisées sont destinées par le fait de leur naissance aux professions libérales, aux professions intellectuelles. Leurs études comprennent généralement la théorie sans la pratique. De la sorte, leur éducation est aussi fausse, aussi incomplète que celle des classes pauvres. Combien de génies nés pour l'agriculture et l'industrie se trouvent étouffés par l'éducation et les circonstances, qui font d'eux, en dépit de la nature, des administrateurs, des avocats, des artistes, etc.! C'est ainsi que tous, riches et pauvres, sont classés socialement en dépit de leurs vocations : de là, injustice et malaise général. Qu'on ne cherche point ailleurs la cause de toutes ces ambitions inquiètes, qui ne savent où se prendre pour alléger la souffrance de leur position, qui désirent toujours plus qu'elles ne possèdent, et ne se trouvent bien nulle part.

L'éducation unitaire redressera ces erreurs sociales. Riches et pauvres, ayant sous les yeux, dès la tendre enfance, la pratique constante des travaux agricoles, industriels, domestiques, s'enrôlent spontanément dans les groupes et séries où ils ont vocation. Ils se mêlent et fonctionnent ensemble, les préjugés disparaissent, toutes les professions, tous les métiers sont également ennoblis, le peuple se polit au contact des riches, et aux études intellectuelles qui deviennent son partage, précisément au degré qui convient à chaque individu. Alors, riches et pauvres, élevés dans l'exercice libre et complet de leurs forces, se trouveront également heureux de leur pleine fusion, de leur juste classification sociale, de l'essor de toutes les ambitions, de la récompense à chacun selon son mérite et sa capacité.

Quant à la génération présente, dans les commencemens de l'association, ce mélange, cette fusion ne seront pas si aisés pour les classes éclairées, n'auront point le même attrait. Effectivement, l'éducation établit aujourd'hui une séparation positive entre les classes ouvrières et les classes éclairées. Ce n'est point la distance des intelligences, car les ouvriers et les gens de la campagne ont peut-être le jugement plus sain et un raisonnement plus juste que les esprits cultivés; — mais c'est la politesse des manières, les habitudes du langage, le tact, les finesses de l'esprit, en un mot, ce sont les formes qui donnent un cachet caractéristique à ces deux classes, et les séparent essentiellement. Sous ce rapport, les classes polies, dans le principe de l'association, auront à surmonter de justes répugnances pour consentir à se mêler, à se confondre avec le peuple. Ce sacrifice pourra d'autant plus leur coûter, que, dans l'état actuel, elles ont le sentiment de leur supériorité ; tandis qu'en fonctionnant dans les groupes des travaux manuels, elles auront à reconnaître le plus souvent la supériorité positive de tel ouvrier, qui sera chef et directeur des travaux. Dans la généralité des travaux manuels, les riches seront nécessairement inférieurs aux pauvres. Ils devront commencer par faire leur apprentissage, et ne pourront s'élever à la direction que par des preuves positives de capacité. S'il en était autrement, si la richesse et la naissance donnaient droit à diriger les travaux, ce ne serait plus l'éclosion des vocations, ni la justice et la liberté pour tous, mais bien l'arbitraire, le désordre, et la fausseté des classifications sociales, telles qu'elles existent aujourd'hui.

Il est donc positif que, dans les commencemens de l'association, la classe polie aura quelque sacrifice à faire pour fonctionner dans les groupes des travaux agricoles, industriels et domestiques, et se mélanger avec le peuple dans les repas, dans les fêtes et autres réunions. Mais ce sacrifice est absolument nécessaire. Le ton unitaire, la concorde et l'harmonie ne peuvent naître que de la fusion des classes. Elle seule réalise l'association. S'il n'y a fusion, il y aura bientôt une ligne de démarcation, engendrant la discorde, la désharmonie. C'est la conviction de cette vérité qui portera les classes éclairées, les riches, à faire sacrifice de leurs répugnances; ils le feront par dévouement, par amour de l'humanité ; ils réaliseront volontairement le verset de l'Évangile : « *Les petits seront élevés, les grands seront abaissés.* » Toutefois, dans leur abaissement volontaire, ils feront preuve d'une grandeur sublime, de celle qui sacrifie des répugnances mesquines, au but le plus grand, le plus élevé qui ait jamais été posé aux hommes.

Les hommes sont-ils capables de sacrifice, de dévouement, particulièrement les riches, formant la classe des privilégiés, de ceux qui sont intéressés aux abus du morcellement?

Si les hommes sont capables de dévouement! Mon Dieu, mettons la main sur notre propre cœur, écoutons l'histoire, regardons tout autour de nous, et sachons aller au fond des choses, nous verrons le dévouement, l'amour du sacrifice être un besoin absolu chez les hommes; nous le verrons, dans tous les temps, dans tous les lieux, éclater, rayonner, en dépit des institutions sociales qui nous poussent à l'égoïsme. N'est-ce point le dévouement qui a enfanté tant d'actions sublimes, tant de martyres, tant de sacrifices à la religion, à la patrie, à la liberté, à toutes les causes saintes, touchant au bonheur et aux devoirs des hommes! Toutes les grandes âmes trouvent une immense satisfaction dans le dévouement; c'est pour elles une impulsion irrésistible, un mouvement spontané. Je dirai plus: la maladie de notre époque consiste surtout dans ce besoin de dévouement qui ne trouve nulle part où s'alimenter. On ne sait plus ni à qui ni à quoi se dévouer ; nos institutions sont telles, que le dévouement, dans la vie privée ou dans la vie publique, est devenu erreur ou folie. Il engendre le mal au lieu d'engendrer le bien; il retombe sur nous-mêmes, et nous pèse comme un remords. Le plus grand vice de l'état actuel, c'est qu'il rétrécit nos facultés aimantes et généreuses, et nous force à l'égoïsme. Tout nous parle du devoir, législation, éducation, morale, religion. L'amour du devoir nous est naturel comme l'amour du sacrifice. Mais aujourd'hui, quel est le devoir ? Hélas ! c'est l'égoïsme, le honteux, le hideux égoïsme, qui nous fait nous resserrer en nous-mêmes, et nous mettre à part de l'humanité et des intérêts généraux. Aujourd'hui, le devoir, c'est de résister aux impulsions généreuses, au besoin de dévouement, à l'amour du sacrifice. Aujourd'hui, l'égoïsme est déifié ; il est devenu l'unique vertu, tandis que le dévouement, plus fort que la règle, plus fort que la raison, enfante les plus grands maux et les plus tristes erreurs. Il enfante les déplorables luttes politiques dont aucun bien ne saurait ressortir ; il les enfante par l'impulsion irrésistible de dévouement au peuple, à la patrie, à la liberté, tandis qu'hélas ! peuple, liberté, patrie, ne sont plus que des mots, n'ont plus même l'éclat, le prestige, les faux-semblans de vérité qu'ils avaient dans les temps anciens. C'est le même besoin de dévouement qui enfante toutes les erreurs du cœur et de l'imagination, toutes les passions désordonnées, principalement chez les femmes ; pour elles, c'est une telle nécessité d'aimer, et de se dévouer au bonheur de ceux qu'elles aiment, qu'elles prodiguent presque au hasard leur tendresse, leurs soins, leurs sacrifices ; aussi ne leur reste-t-il le plus souvent d'un dévouement mal placé, que la honte, les regrets, les remords. Même au sein des familles, l'excès de dévouement et de tendresse nuit au bonheur des époux et à l'éducation des enfans. Nos meilleurs sentimens nous deviennent ainsi pernicieux et mortels. Aujourd'hui, le devoir, c'est la négation du sentiment ; c'est l'apauvrissement de la vie morale et intellectuelle ; c'est la sécheresse d'âme, c'est le rétrécissement de tout notre être. Et l'on s'étonne du malaise moral, l'on s'étonne de la souffrance qui est l'apanage de toutes les natures supérieures ! Comment en serait-il autrement, lorsqu'elles sont constamment refoulées dans ce qu'elles ont de meilleur, et que leurs sentimens généreux ne peuvent guère prendre d'essor que dans un dévouement de dupes, une exaltation funeste, un fanatisme dangereux?

On a souvent calomnié le peuple ; les riches et les puissans l'ont peut-être été davantage. Qu'on cite une cause généreuse dans l'histoire du monde, où leur participation et leurs efforts aient manqué. En tout temps, les plus nobles, les plus riches, les plus éclairés, se sont dévoués corps et biens, tantôt à la royauté opprimée, tantôt à la liberté menacée, tantôt à la foi en péril. Voyez les croisades et les corporations saintes de la chevalerie ; énumérez les fondations pieuses et les chartes octroyées; comptez les traits d'héroïsme, et les belles actions de la noblesse dans tous les pays; rappelez-vous dans la révolution française, la nuit du 4 août, où les riches, les nobles et le clergé se dépouillèrent à l'envi de leurs titres et de leurs biens; voyez récemment les efforts héroïques de toutes les classes pour la cause philhellène et la cause polonaise. Aujourd'hui, croyances religieuses et politiques sont affaiblies; hélas! il n'y a plus de stimulant, et partant plus d'ardeur. Mais c'est le but qui manque, et non point le dévouement. En vérité, que peuvent aujourd'hui les riches et les nobles dans le sens de la civilisation? Se dévouer à la royauté? Le génie de Chateaubriand n'a pu rendre le prestige à cette tradition vieillie. Se dévouer au catholicisme mourant? Le génie de Lamennais s'y est égaré. Se dévouer aux libertés politiques? Ah! ce sang qui coule dans les rues, ce peuple mitraillé, ces préludes de guerre civile font horreur; on ne peut que plaindre les victimes, et tout bas déplorer leur folie, en se demandant le but ? Non, aujourd'hui, il n'y a pas de but au dévouement ; il n'y en a pas même à l'ambition, à la gloire ? Il n'y a plus véritablement de vraie gloire attachée ni aux armes, ni aux lettres, ni aux débats parlementaires. Nos célébrités actuelles datent au moins de dix ans. 1830 a été une effroyable déception. Non point par la faute, ni des rois, ni des peuples, ni des riches, ni des pauvres, ni des puissans, ni des faibles, mais parce que tout était usé, qu'on était las, fatigué de tout, et que les espérances d'avenir étaient flétries en leur germe. Mais que le monde se dépouille de ses vieux vêtemens ; qu'il apparaisse aux regards étonnés, jeune, radieux, riche de nouvelles croyances, avec un espoir infini, et un but immédiat, et l'on verra la génération actuelle, si froide, si sèche, si abattue, tout à coup se ranimer, et se précipiter pleine d'ardeur, de vie et d'enthousiasme, dans les voies nouvelles d'association, et l'on verra, comme dans les temps anciens, les plus nobles, les plus riches et les plus éclairés, donner exemple de toutes les vertus et de tous les dévouemens.

D'ailleurs, les riches subissent comme les pauvres, les tracas, soucis, ennuis du ménage morcelé ; l'association leur offrira immédiatement d'immenses bienfaits. Ils se trouveront en contact avec les rudes travailleurs ; mais, dès aujourd'hui, ne sommes-nous pas déjà en contact journalier avec les domestiques, les salariés, les marchands ; et comme tous ont intérêt à nous tromper, nous sommes nécessairement les uns vis-à-vis des autres dans un état de méfiance d'une part, et d'hostilité de l'autre. En association, il n'y a plus ni domestiques, ni salariés, ni mercenaires ; tous les travailleurs sont associés ; par ce seul fait, les vices de la servitude auront disparu ; aucun n'aura plus intérêt à tromper, à falsifier, à mentir, à être flatteur ou insolent ; les sentimens naturels de droiture et de dignité reprendront le dessus ; les masses se transformeront immédiatement, et le contact des hommes d'intelligence achevera de les polir et de les améliorer. Ce sera chez eux une vive émulation à qui se dépouillera le plus tôt des formes rudes et grossières, et à qui fera preuve de talent, d'activité et de dévouement. De la sorte, les riches trouveront, pour coopérateurs à tous leurs travaux, des sociétaires zélés, et d'autant plus ardens à les servir que ce zèle sera volontaire. La classe ouvrière sent parfaitement la supériorité de l'éducation chez les riches. Aujourd'hui que les travailleurs sont froissés, opprimés, misérables, ils s'irritent et s'indignent de cette supériorité qui ne fait que prêter aux riches une puissance plus grande pour les exploiter et les écraser. Au contraire, dans l'association, quand les riches se dépouillant de tout orgueil, de toute arrogance, viendront se mêler aux travailleurs, faire apprentissage parmi eux, et les initier à leur tour dans les arts intellectuels, le peuple, les masses seront fanatiques des riches; elles s'agenouilleront devant la supériorité de leurs lumières et de leurs vertus; elles les serviront avec cette fougue, cette ardeur naturelle au peuple, qui, dans tous les temps, l'ont fait se précipiter aux genoux de quelque idole.

Spécialement les hommes d'intelligence, les hommes d'étude, trouveront des jouissances inespérées dans l'association. Quelle joie pour eux de se trouver débarrassés des soucis de l'existence matérielle; de se livrer uniquement à leurs études choisies, à leurs rêveries favorites, à leurs méditations profondes, sans être interrompus par les voix criardes d'une ménagère, d'un marchand, d'un créancier; ou, pire encore, s'ils sont mariés, par les gronderies de la femme, et le tapage des enfans. En vérité, l'association sera pour eux le paradis succédant à l'enfer. Mais, dira-t-on, les savans, les artistes, les littérateurs, consentiront-ils à participer à quelques branches des travaux manuels? On peut répondre affirmativement. L'amour de la chose publique ne sera pas même leur mobile le plus puissant; ils s'y adonneront comme au délassement le plus favorable à leurs occupations. La vie sédentaire est très-pernicieuse à la santé ; les hommes studieux et casaniers généralement sont maladifs. Il n'y a guère qu'une seule distraction à leur portée, et qui soit en même temps propre à dégourdir leurs membres, et à reposer leur tête ? C'est la promenade, l'insipide et monotone promenade. A vrai dire, c'est la distraction générale, le divertissement à la portée de toutes les fortunes, de toutes les positions. Tout le monde se promène, et cependant, si l'on y regarde sérieusement, quel amusement plus vide, quel exercice plus fastidieux, que celui d'aller et de venir sans but, sans autre motif que celui de se déroidir, de prendre l'air, de se remuer. Plus tard, en harmonie, on n'aura plus idée de cet exercice absurde ; on ne pourra pas concevoir que des créatures pensantes et agissantes s'y soient soumises volontairement durant des siècles. Néanmoins, il faut bien aujourd'hui que nous nous promenions ; c'est utile à la santé, comme on dit, et enfin c'est toujours une récréation quelconque à la monotonie des occupations. C'est même la seule récréation salutaire qui nous soit offerte ; car bals, spectacles, concerts, réunions, lecture, ne font qu'ajouter à la fatigue. En association, quand les hommes d'arts et de sciences auront consacré un nombre d'heures à leurs spécialités, quel bonheur pour eux de pouvoir immédiatement se récréer, se soulager l'esprit et le corps, par une participation active à quelques parcelles des travaux agricoles, industriels et domestiques. Ils ont le choix; ils peuvent manier la bêche ou le rabot, se divertir à la chasse ou à la pêche, participer aux vendanges et aux moissons. Ils ont les instrumens de travail sous la main ; leurs yeux sont récréés par le tableau vivant et animé des groupes de travailleurs, allant, venant, s'entrelaçant dans leurs travaux ; la distraction est tout autour d'eux, et la joie pénètre d'elle-même dans leur âme ; les travaux auxquels ils participent, remettent l'équilibre entre leur corps et leur esprit ; ils jouissent à la fois du bon air de la campagne, des distractions et plaisirs de la ville, des exercices les plus variés, et, lorsqu'ils le désirent, du repos et de la solitude du cabinet.

Ce sera un avantage inappréciable pour tous les sociétaires, que de réunir dans la phalange les jouissances de la ville et de la campagne. Aujourd'hui, n'est-ce pas une chose contre nature, que ces populations entassées dans les villes, privées d'air et d'espace, tandis que les campagnes restent nues et solitaires? Là, de pauvres familles entassées, des enfans rachitiques, demandant l'air et le mouvement, des vieillards grelotant et soupirant après le soleil; de malheureux ouvriers renfermés quinze heures dans des ateliers malpropres et humides; des femmes pâles et amaigries qui n'ont pas eu de jeunesse. Et plus loin, tout à coup la campagne, un soleil radieux, de frais ombrages, une nature ravissante, mais partout le silence et la solitude; seulement çà et là de chétifs villages, de pauvres masures, une population clair-semée, abrutie et ignorante. Les habitans des villes passent leur vie à ambitionner le séjour de la campagne ; ceux de la campagne rêvent un séjour enchanté dans les villes. Les riches se donnent le plaisir d'aller de la ville à la campagne et de la campagne à la ville : heureux véritablement de cette variété ; mais encore, ne sont-ils jamais pleinement satisfaits ; le tracas de la ville fatigue, la monotonie de la campagne pèse, ennuie. La phalange réunit le mouvement, l'animation, les travaux, les plaisirs de la ville, avec les jouissances de la campagne. Le corps et l'âme y gagnent également ; toutes les facultés se remettent en équilibre ; l'homme vit selon les lois de la nature, non pas en retombant dans la sauvagerie, comme le pensait Rousseau ; mais en réunissant autour de lui toutes les magnificences de la création à tous les prodiges de l'art et de l'industrie.

A mes yeux, il est hors de doute que le jour où les premiers fondemens seront jetés au phalanstère, et qu'un plan positif sera donné aux opérations financières et à l'organisation du travail, il est hors de doute que les sociétaires ne se présentent en foule, et qu'on n'ait un choix aisé à en faire parmi toutes les classes sociales.

Les sociétaires doivent-ils connaître la théorie de Fourier? doivent-ils être choisis exclusivement parmi les phalanstériens ?

Non, il n'est pas nécessaire que les sociétaires soient précisément phalanstériens ; ils doivent être avant tout travailleurs, et posséder, autant que possible, des connaissances spéciales dans les arts agricoles, industriels, domestiques.

Il suffit que chacun remplisse sa tâche dans les limites assignées, fonctionne dans divers groupes et séries, et s'harmonise spontanément avec l'ordre établi : il n'est pas nécessaire, pour jouir des bienfaits de cet ordre, qu'on se rende compte de ses principes théoriques. Je comparerai volontiers l'association pratique à un concert où les exécutans, guidés par l'oreille et la routine des notes, peuvent très-bien exécuter leur partie, et s'harmoniser avec l'ensemble, sans pour cela connaître la composition. Les auteurs de la partition ont seuls dû la connaître, et non point ceux qui exécutent leurs idées. J'ajouterai, pour pousser plus loin la comparaison, que, parmi ces derniers, s'il y en avait qui possédassent la science de composition, sans avoir en même temps la connaissance spéciale de tel ou tel instrument, et l'habitude de l'exécution, ils ne pourraient ni donner un son juste, ni former un accord; ils ne seraient dans le concert qu'une inutilité, ou pire, un obstacle. Eh bien! il en serait de même des phalanstériens qui n'auraient point de connaissances spéciales dans les travaux, et refuseraient d'y participer comme apprentis. Ils formeraient purement une entrave à la pratique; et toute leur théorie ne lui serait d'aucun secours.

Mais, dira-t-on, si ce ne sont point les phalanstériens qui s'associent entre eux pour une première réalisation, quels motifs indépendans de la doctrine seront assez puissans pour déterminer d'autres sociétaires?

En vérité, si je voulais attirer des sociétaires et des actionnaires de toutes les classes et de tous les rangs, je n'entreprendrais pas la tâche d'exposer la théorie proprement dite, mais j'en démontrerais simplement les avantages. J'irais aux ouvriers et aux hommes de la campagne, leur dire : « Vous gagnez péniblement votre vie, vous n'avez pas de certitude pour le lendemain, vous subissez toutes les privations, vos enfans languissent sous vos yeux dans le dépérissement de l'âme et du corps, vous n'avez à leur donner ni la nourriture spirituelle ni la nourriture corporelle; — entrez dans la phalange ; vos travaux seront allégés et deviendront plaisirs ; vous aurez le *minimum* assuré en nourriture, logement, vêtement; vous serez soignés dans vos maladies et dans vos vieux jours ; vous aurez part comme sociétaires aux bénéfices ; vos enfans recevront sous vos yeux une éducation si parfaite, qu'elle sera enviée par les riches et les puissans de la civilisation, et qu'à toute heure ce spectacle seul vous causera des joies ineffables.

J'irais à la classe moyenne, à cette classe bien plus gênée, bien plus malheureuse que celle de l'artisan et de l'agriculteur, cette classe composée de commis, employés, avocats sans cause, médecins sans clientelle, artistes sans travaux, petits marchands, petits fabricans, petits rentiers, de cette foule sans travail, ou bien, ployée toute l'année aux travaux les plus fastidieux; ces malheureux, forcés à un certain décorum, et qui doivent nécessairement se passer de dîner plutôt que d'un habit présentable; ces malheureux, qui restent célibataires par médiocrité de fortune, ou bien qui aggravent leur position par la charge d'une famille; ces derniers surtout, abîmés par les tracas et les soucis d'un intérieur gêné, qui ne sortent d'un embarras d'argent que pour retomber dans un autre, qui ont la douleur perpétuelle de voir femme et enfans subir toutes les privations, et qui, le jour et la nuit, pensent comment élever ces pauvres petits, comment leur donner une éducation, un état, une dot, et comment plus tard les établir; — j'irais à ces malheureux, véritables parias de la civilisation, malheureux en proportion de ce qu'ils ont d'intelligence et de nobles facultés ; — j'irais à eux, et je n'aurais pas besoin de leur décrire les magnificences de l'association, les bienfaits de l'harmonie, et le but immense d'unité sociale ; — non, je leur offrirais simplement le *minimum*, le travail assuré, et l'éducation pour leurs enfans ; je leur offrirais la négation des maux qui les accablent ; je leur dirais : plus de soucis, plus d'inquiétudes, plus de dettes, plus de ménage sans argent, de maladies sans médecins, et d'enfans sans avenir ; — mon Dieu, ce serait déjà le paradis qui leur serait ouvert !

C'est qu'on n'a pas d'idée de la souffrance vive et continue de cette classe moyenne dont on vante tant le bonheur. L'ouvrier, le prolétaire, est, jusqu'à un certain point, accoutumé à la misère, aux privations ; du moins, il n'en a pas de honte, et si peu qu'il gagne, il vit ; il rassasie sa faim avec un morceau sur le pouce, et s'endort dans son galetas. De bonne heure, il envoie ses enfans dans les ateliers, et ensuite ne s'en occupe guère plus que la poule qui a cessé de couver ses petits. Mais il n'en est pas de même des individus appartenant à la classe moyenne, et dont généralement les moyens d'existence restent en dessous des apparences; qui passent leur vie en expédiens désastreux, en espérances déçues, en découragemens profonds, dont l'âme souffre perpétuellement dans tout ce qu'elle a de bon, de tendre, de fier; qui doivent se refuser chaque jour un plaisir, une bonne action; enfin, dont la vie est resserrée dans le cercle le plus étroit, le plus sordide, le plus monotone, par le défaut d'argent, lèpre et plaie de leur existence entière, et qu'ils ont le désespoir de léguer à leurs enfans. Comprend-on ce que cette position a d'horrible! Et que peuvent ces malheureux pour y porter allégement? Essayer par des efforts surhumains de parvenir à la fortune? C'est précisément cette tentative générale, cette ambition ardente, cet élan désespéré, qui engendrent à la fois un malaise social plus terrible, et la démoralisation des masses. Que peuvent-ils encore? Réduire leur existence journalière à de telles proportions, qu'il y ait certitude de joindre les deux bouts chaque mois, et d'avoir quelques économies en perspective? Les célibataires le peuvent à la rigueur, au risque de se gâter le cœur et l'esprit par cette triste parcimonie. Mais les pères de famille ne le peuvent pas; le ménage morcelé le plus économique est tellement dispendieux, que la médiocrité de fortune équivaut à la privation et à la gêne perpétuelle. Il n'y a pas de milieu entre l'existence tout-à-fait misérable de l'ouvrier qui vient à bout des dépenses de première nécessité pour lui et sa famille, avec quelques centaines de francs par an, et l'existence de la classe qui vient immédiatement au dessus de celle de l'ouvrier, et qui exige nécessairement le revenu de quelques milliers de francs. Les hommes élevés pour les professions libérales, peuvent-ils, en civilisation, se réduire au rang d'ouvrier, prendre la pioche, le marteau, la truelle, envoyer leur femme en journée, mettre leurs enfans aux écoles gratuites? — Non, ils ne le peuvent pas; ils ne peuvent renoncer à la société où ils ont toujours vécu, à la vie intellectuelle, aux manières polies, à l'échange des pensées; ils ne feraient qu'empirer leur sort. Ils doivent rester employés ou commis dans quelqu'administration; ou bien, avocats, médecins, artistes, littérateurs, dans l'incertitude totale de leurs moyens d'existence; et, tout en même temps, avoir un appartement propre, une table servie de linge avec argenterie, un ou deux domestiques; ils doivent donner de l'instruction à leurs enfans, leur frayer une carrière, payer médecins et médecines en cas de maladies, se vêtir décemment eux et leur famille; eh bien! ce ménage, si économique et si gêné qu'il soit, est horriblement coûteux; les moyens d'existence ordinaires sont entièrement insuffisans à en couvrir les dépenses. Aussi, l'héritage devient-il une des meilleures chances de la vie ; et, de la sorte, l'on se trouve sous l'influence de tristes et odieux sentimens que l'on ne sait pas entièrement repousser. Bon Dieu ! avec quel bonheur tous ces hommes de cœur et d'intelligence abandonneront les mille entraves, les mille pointes aiguës et douloureuses de la civilisation, pour se jeter corps et âme dans l'état sociétaire, qui leur assurera immédiatement l'aisance, en leur permettant de se livrer à la spontanéité de leurs penchans, en les classant et les récompensant selon leurs mérites.

Enfin, j'irais aux riches, aux capitalistes ; je leur démontrerais d'une part les garanties et les bénéfices de leurs capitaux ; d'autre part l'amélioration physique et morale des classes nombreuses, et le but magnifique de l'harmonie et de l'unité du globe.

Je le répète, lorsque les riches seront convaincus, lorsqu'ils seront excités à la fois par les deux mobiles de spéculation et de générosité, ils donneront leurs terres, leurs châteaux, leur argent, et viendront spontanément participer aux travaux, se mêler au peuple, donner exemple des plus hautes vertus de l'association.

CHAPITRE IX.

LÉGISLATION, MORALE, DEVOIR, RELIGION.

Quelles sont les lois de la societé nouvelle, lois morales, politiques et religieuses?

Fourier donne l'attraction pour toute loi; mais l'attraction ne pourra guider que les générations futures, qui dès l'enfance n'auront connu d'ordre social que l'association, la série, l'harmonie.

Et même, pour ces générations ayant reçu le libre développement de leurs forces physiques, morales, intellectuelles, le devoir sera-t-il un mot entièrement vide de sens, une idée inconnue, non en rapport avec les objets existans? Le devoir disparaîtra-t-il en mesure des progrès de l'association? La liberté est-elle incompatible avec le devoir?

Au premier abord, nous sommes tentés de le croire, car, dans l'ordre actuel, le devoir, en contradiction avec nos désirs, nos vœux, nos passions, ne s'accomplit que par des efforts pénibles et redoublés; il excite en notre âme des luttes terribles, et nous déchire incessamment par son inflexible rigueur. Et cependant, le devoir est dans notre nature comme le dévouement; l'accomplissement du devoir nous donne conscience de la partie morale de notre être. L'animal obéit aveuglément à l'instinct; l'homme, dans ses actions, a le sentiment de ce qu'il fait, de ce qu'il veut, de ce qu'il préfère; il a le sentiment des liens qui l'enlacent, des obscurités qui l'environnent, des obstacles qui l'arrêtent. Ce qu'il y a d'affreux pour l'homme dans l'état actuel, c'est qu'ambitieux de remplir son devoir, il ne peut distinguer dans le chaos qui l'environne, dans la contradiction de tout ce qui existe, contradiction des lois, des mœurs, des principes moraux et religieux, qui le tiraillent en tout sens, il ne peut distinguer le bien du mal, à chaque pas il trouve un abîme, et trop souvent ne conserve que le regret, le remords de ce qu'il a cru son devoir.

Le devoir est un sentiment naturel chez toutes les créatures ; il n'est autre que l'amour de l'ordre, l'accord spontané avec les institutions. Aujourd'hui même, dans les idées reçues, le devoir est encore l'obéissance à l'ordre établi, aux lois, aux mœurs, aux principes, aux préjugés existans ; et comme tous les principes flottent et s'entrechoquent, de même nos idées sur le devoir restent flottantes, nous cherchons bien plutôt ce qui est dans les préjugés d'autrui que dans notre opinion propre. Nous ne saurions même nous en créer une règle fixe, puisque le devoir est l'amour de l'ordre et que partout règne le désordre. Si nous tentons de raisonner ce qui est, nous brisons violemment nos liens sociaux, nous devenons coupables et malheureux. Si, au contraire, nous nous attachons à la règle établie, nous restons incertains, suspendus, nous brisant à mille écueils, moins coupables aux yeux du monde, mais toujours malheureux. Le *dévouement* ou *amour du prochain*, ainsi que le *devoir* ou *amour de l'ordre*, en civilisation ne savent où se prendre, et ne rencontrent que les plus douloureux désappointemens.

En harmonie, le devoir sera comme aujourd'hui l'obéissance à la règle ; mais l'obéissance deviendra amour, et la règle deviendra l'ordre, ordre divin comme celui de la nature même. L'homme s'y soumettra, tout à la fois par attraction et par le sentiment du devoir. L'attraction ne sera pas instinct. L'homme doué de raison, ayant conscience de sa liberté, connaissance de son bonheur, ne sera pas soumis aveuglément à l'attraction comme les astres, comme les plantes, comme l'air, la terre, le feu, l'eau, comme les animaux, comme toute la nature morte ou animée; non, l'homme est placé au plus haut degré de la série des êtres ; il les domine tous, par son essence spirituelle qui le rapproche de la divinité; il a de plus que tous les êtres la conscience intime de sa liberté et de sa volonté ; l'homme, placé dans le milieu sociétaire, gravitera par attraction comme toute la nature, vers l'harmonie, l'unité ; mais il aura connaissance des principes qui auront enfanté cet ordre de choses, il sera capable de l'étudier, de l'analyser ; il y donnera son acquiescement, il s'y soumettra avec joie, avec amour, avec la conscience qu'il lui appartient de jeter le désordre dans cet ordre, de même qu'il a fait naître l'ordre du désordre. C'est ce principe inné dans l'homme de moralité et de liberté, qui enfante le devoir ; l'anéantir, ce serait le dépouiller de la partie spirituelle de son être, ce serait le plonger dans l'abrutissement, et lui ôter la joie la plus ineffable, celle de sentir ses rapports avec lui-même, avec Dieu, avec l'univers, rapports aujourd'hui troublés et anarchiques, mais plus tard, ordonnés, harmonisés.

Dans les commencemens de l'association, dans ces temps de transition, où les préjugés actuels s'écrouleront peu à peu devant la lumière d'un jour vif, pur, et tout nouveau, où les passions n'auront pas encore trouvé leur équilibre, leurs contre-poids, où l'attraction ne pourra être écoutée exclusivement, quelle sera la règle? Comme aujourd'hui, la règle sera le devoir, le devoir qui peut seul nous sauver dans ces temps difficiles. Et quel sera le devoir? Comment le discernerons-nous davantage alors qu'aujourd'hui? La règle individuelle sera la soumission à l'ordre établi, soumission, qui sera en même temps, attrait, amour; soumission aux choses, et non pas aux hommes. La règle collective de la phalange sera également le respect, la soumission à toutes les lois existantes en civilisation, lois religieuses, politiques et morales, à tout ce qui dans l'état actuel est considéré comme juste, comme équitable, comme apparence d'ordre, comme ordre même.

Eh quoi! si cet ordre est faux, vicieux, si

ses principes sont contradictoires, si les préjugés partout remplacent le vrai; ne devons-nous pas rejetter en toute hâte ces haillons usés de la civilisation, et fonder une société toute neuve avec des lois, des mœurs, une morale, une religion, conformes aux principes immuables et éternels du juste et du vrai? Ne devons-nous pas briser avec le passé, rompre avec la civilisation?

Non, vous ne le devez pas; ce serait ruiner l'association dans son principe, et empêcher tout développement ultérieur.

Si la théorie de Fourier, bonne seulement à former une secte, n'était à l'usage que d'un nombre limité d'individus, un chef surgirait, qui proclamerait comme tant d'autres l'ont fait, ses idées sur la religion, la morale, les mœurs, et formerait plus ou moins de disciples. Cette secte s'isolerait dans la civilisation, s'attirant, selon les principes qu'elle professerait, son indifférence, son mépris ou ses persécutions.

Mais la théorie de Fourier n'est point à l'usage d'une secte; elle embrasse le monde entier. Ses principes sont larges comme l'humanité; son esprit est à la hauteur de la vérité même; il comprend tout ce qui a été, tout ce qui est, tout ce qui sera.

La mission essentielle de la première association est donc, vu la grandeur de sa tâche et l'immensité de son but, de ne choquer ni froisser aucune idée reçue, mais de tenir par tous les bouts à la civilisation, de toujours tendre à s'en approprier les élémens d'existence, de sorte que cette dernière aille s'effaçant, s'anéantissant, sans luttes ni combats, par la force suprême des choses. L'association, à son principe, sera de fait entourée, cernée par la civilisation; c'est à elle à ne point la choquer par des coutumes disparates, étranges; à lui donner simplement exemple d'ordre, d'harmonie, d'une sage organisation du travail, de l'aisance pour tous, d'un magnifique système d'éducation; et à ne se distinguer des civilisés que par une application plus rigoureuse de tout ce qu'eux-mêmes considèrent comme devoirs.

D'ailleurs, dans l'anarchie actuelle des systèmes politiques, moraux, religieux, qui donc oserait formuler une loi établissant de nouveaux rapports sociaux, ou devoirs des hommes vis-à-vis d'eux-mêmes, ou vis-à-vis de Dieu ? Celui-là aurait un grand orgueil, ou un grand fanatisme. Un grand orgueil, s'il croit que la raison individuelle puisse aujourd'hui, dans le chaos d'erreurs et de préjugés où nous vivons, à travers le voile de nos penchans détournés et de nos passions subversives, découvrir quelle est positivement la nature de l'homme, et quel essor juste prendront ses passions dans une société parfaitement harmonisée. Il sera doué d'un grand orgueil, s'il croit percer dans ces ténèbres de l'erreur par les lumières de son propre esprit ; ou bien, il sera possédé d'un grand fanatisme, s'il présume que Dieu même lui ait dévoilé d'un coup la loi de l'avenir, la vérité éternelle, infinie, dont l'homme, jusqu'à ce jour, n'a pris possession que par transitions graduées. Cet homme qui se croira doué d'une raison supérieure à tous les hommes, ou bien qui se croira inspiré de Dieu même, pourra, comme je l'ai dit, former une secte, réunir autour de lui ceux qui accepteront sa raison orgueilleuse ou son fanatisme aveugle ; mais il aura manqué aux principes les plus essentiels de la théorie de Fourier ; il n'aura point jeté les bases de l'association véritable qui doit prendre ses racines au cœur du monde, et féconder la terre entière.

Fourier, lui, est inspiré de Dieu, il est révélateur et prophète, comme tous les hommes d'un génie puissant, dans tous les siècles ; comme Socrate, Platon, Lycurgue, Numa, dans l'antiquité ; comme Colomb, Newton, Voltaire, Rousseau, Mirabeau, dans l'âge moderne. Il est plus grand qu'eux tous ; son génie se rapproche davantage de la prescience divine de Moïse et du Christ fils de Dieu. Mais le Christ lui-même ne découvrit point aux hommes l'avenir total de l'humanité, et les rapports nouveaux qui surgiraient par les progrès des siècles. Il révéla seulement la loi qui s'adaptait à son temps, loi variable bien que découlant de principes éternels, et il laissa aux hommes le soin de continuer son œuvre dans les temps ultérieurs, en mesure du développement même du christianisme, et de la marche des sociétés. Moïse également n'avait promulgué que la loi relative à son temps, aux mœurs féroces des hommes, à leurs connaissances limitées, à leur industrie brute. De même, les plus grands génies dans leurs découvertes spéculatives ou positives, dans la promulgation de nouvelles lois morales et scientifiques, quelque avancés qu'ils fussent vis-à-vis leur siècle, n'ont pu toutefois se jeter d'un bond dans l'avenir, et en soulever tout à coup le voile; ils sont restés soumis comme l'humanité même, à la loi des transitions, à la loi progressive des choses, loi immuable de la création. Colomb n'aurait pu toucher le Nouveau-Monde sans la découverte antérieure de la boussole ; et il a dû laisser à ses successeurs la tâche d'en tracer l'étendue, et d'en connaître les limites. Il n'a été donné à Newton de nous révéler qu'une seule des faces de l'attraction. Kopernic précéda Galilée. Il en a été de même dans les arts, les sciences, l'industrie; leur développement a subi la loi du progrès, la loi des transitions. Les plus grands génies tiennent à leur siècle par tous les bouts, et ne peuvent jamais être que complément du passé. Ce n'est que par le passé qu'ils ont prévision de l'avenir, prévision qui, dans sa totalité, appartient à Dieu seul. La théorie de Fourier tient à tout le passé par cette même loi de progression et de transition. Pour que son génie révélât en termes précis les lois mathématiques de l'association, il fallait qu'elle fût devenue possible, que tous les faits du passé y eussent concouru, que ses principes se fussent déjà vulgarisés parmi les masses sous une forme vague. Effectivement, il a fallu toutes les découvertes des sciences et des arts, et le développement merveilleux de l'industrie au moyen des machines, pour que le travail attrayant fût possible, et que la richesse devînt le partage de tous. Il a fallu surtout le développement graduel du principe chrétien, amour, fraternité, succédant aux préjugés de caste, à tous les principes d'exclusivisme et d'intolérance ; il a fallu que l'humanité passât par toutes les phases d'obéissance passive, de fanatisme aveugle et de protestantisme exagéré ; il a fallu Pierre l'Hermite et Hildebrand, Rabelais et Luther ; il a fallu le moyen-âge et la monarchie, le dix-huitième siècle et 93, 1815 et 1830 ; il a fallu cette progression et ces transitions dans les idées et dans les faits, pour témoigner du vide et du néant de tous les mots, gloire, liberté, souveraineté du peuple, croyance aveugle, foi vive, scepticisme, raison individuelle, toutes ces choses, dont les siècles passés nous avaient repus ; il a fallu la lassitude, le découragement de tout au monde, même du doute et de l'égoïsme ; il a fallu cet état général des esprits, enfantant une immense tolérance, et une vive aspiration vers la vérité ; il a fallu l'accomplissement de tous ces faits, et la succession de toutes ces idées, pour que l'harmonie et l'unité sociale pussent régner sur la terre, et relier en une même foi et un même amour toutes les créatures sans exception. Fourier, comme tous les génies marqués d'un cachet divin, est venu compléter le passé et agrandir l'avenir. Sa théorie est merveilleusement adaptée aux besoins de l'époque. Cinquante ans plus tôt, les esprits étaient trop ployés sous le joug des préoccupations politiques; ils étaient fascinés par les souvenirs des républiques antiques; Fourier n'aurait pu être compris. Dans cinquante ans, si la triste civilisation n'est entrée en plein dans l'état sociétaire, en vérité, le monde aura reculé, et se trouvera en proie à d'inexprimables douleurs, tortures et déchiremens.

Fourier est venu donc accomplir, résumer les travaux des siècles passés. Il est venu nous dire : le moment est arrivé de transformer le monde, de remplir les prophéties qui nous annoncent un royaume de Dieu, où régneront sans partage sa justice et sa bonté. Il est venu nous décrire ce royaume dans toutes ses magnificences, et nous montrer comment les portes peuvent nous en être immédiatement ouvertes. Toutefois, Fourier, soumis dans l'avenir comme dans le passé, à la loi immuable de progression et de transition, n'a pu nous donner le développement ultérieur de la société harmonienne. Il y a dans sa théorie la partie positive, les lois mathématiques de l'association basée sur la série, et le principe divin de l'attraction, venant accomplir tous les élans de l'humanité vers une liberté idéale. D'autre part, il y a la partie morale et métaphysique; celle où Fourier traite des mœurs de l'avenir, de la constitution de la famille, des relations de l'homme et de la femme, ou bien des transmigrations des âmes, et des créations successives; — Fourier lui-même ne donne cette partie que pour conjecturale; il n'a, avoue-t-il, que l'intuition des découvertes de l'avenir; il ne peut que nous dire : substituez l'association au morcellement; rendez possible l'éducation unitaire; élevez la génération nouvelle dans la spontanéité des idées, des aptitudes, des penchans; et de cette spontanéité qui ne sera autre que l'attraction, naîtront les rapports nouveaux parmi les hommes, basés sur la conformité des croyances, l'amour et la compréhension du juste et du vrai.

Il n'appartient donc à aucun d'innover dans les institutions existantes, pour formuler une prétendue loi nouvelle de l'avenir. Notre devoir à nous phalanstériens, soit dans la civilisation, soit dans l'association, c'est de donner exemple du respect et de l'obéissance à tout ce qui fait loi actuellement. Nous reconnaissons que l'ordre social, dans sa constitution actuelle, est entièrement faux et vicieux; mais nous le respectons, parce que, tel qu'il est, il nous offre un ordre quelconque, et que pour nous, le devoir, c'est la soumission à l'ordre; nous le respectons encore, parce qu'aucun de nous n'a le droit ni la faculté de formuler la loi de l'avenir, loi qui doit naître de l'attraction et de l'éducation unitaire, mais qui ne saurait la précéder;

nous le respectons, parce que dans l'anarchie de toutes les idées, le lien de ralliement ne saurait être ce qui est juste et vrai, puisque c'est précisément ce que nous ignorons dans les ténèbres, préjugés, erreurs de la civilisation; — le lien de ralliement doit donc exister dans le respect de ce qui est, par la seule raison que c'est la règle commune. Enfin, nous respectons l'ordre établi, parce que nous avons le plus immense intérêt, l'intérêt même de la doctrine, à être tolérés, à ne point froisser, ni choquer les idées reçues ni les lois dominantes, en un mot, parce que nous devons avant tout exister, et remplir notre tâche, qui est non point de renverser la civilisation, mais peu à peu de nous l'incorporer.

Les lois morales, politiques, religieuses et civiles des premières phalanges, seront donc celles mêmes de la civilisation, celles des pays où les premières communes seront élevées.

Les devoirs des phalanstériens, seront la soumission, le respect à l'organisation intérieure de la commune, la soumission, le respect à l'ordre moral, religieux, politique, civil, qui fait loi en civilisation.

L'organisation intérieure de la phalange n'est autre que la distribution des travaux par groupes et séries, l'éducation unitaire, et la répartition proportionnelle des bénéfices aux trois forces productives, le travail, le talent et le capital. Cette organisation ne froisse, ne choque en rien l'ordre existant; elle trouve ses germes, ses racines dans la civilisation même; elle répond à ses besoins les plus pressans.

Le mode d'élection dans les groupes et séries trouve également son germe dans toutes les sociétés; il est base des gouvernemens constitutionnels, il ne froisse, ni ne choque en rien l'ordre établi.

Dans ses relations extérieures, la phalange donne exemple d'obéissance aux lois et au gouvernement. Elle paie exactement ses impôts, rachète ses travailleurs de la conscription, fait preuve d'une exacte probité dans ses relations commerciales, passe ses contrats devant notaire, en un mot, tient étroitement à ce qui existe dans toutes ses transactions.

Mais, dira-t-on, accepte-t-elle la loi de contrainte, de répression, de châtiment?

Dans son organisation intérieure, non. La phalange assurément n'aura ni prisons, ni géoliers, ni bourreaux. Elle ne châtie point, elle ne contraint pas, puisque chacun de ses membres, accepte librement les conditions de l'association, et peut tous les jours se retirer avec la part de capital qu'il aurait apportée dans la masse commune. Néanmoins, dans leurs relations extérieures, les sociétaires restent passibles de là justice civilisée. S'ils se rendent coupables de quelque délit qui vienne à la connaissance des magistrats, ou s'ils sont accusés, ou s'ils sont lésés, ils ne peuvent que traduire leurs adversaires, ou bien être traduits eux-mêmes devant les tribunaux. Il n'en saurait être autrement ; tant que la civilisation subsistera, les harmoniens resteront nécessairement en conflit avec les civilisés tant pour les limites des propriétés, que pour les successions, et les mille intérêts divergens qui subsistent aujourd'hui.

Cependant, jusqu'à ce que l'attraction puisse régir la société nouvelle, les premières communes n'auront-elles pas besoin de moyens de répression intérieurs ? Puisque son devoir est de maintenir l'ordre, ne doit-elle pas agir rigoureusement contre ceux qui tenteraient de le troubler ?

La phalange éminemment tolérante, et ne voyant dans nos vices et nos préjugés que la conséquence du milieu vicieux dans lequel nous avons été élevés ; la phalange ne se crée aucun moyen de coërcition ni de punition ; jamais elle n'agit contre l'individu. Toutefois, son devoir est de maintenir l'ordre ; l'intérêt collectif, le but d'unité est son premier soin. Elle se réserve donc le droit d'exclusion. Elle se le réserve comme garantie de l'intérêt commun vis-à-vis les fantaisies individuelles. Elle se le réserve au nom de chaque groupe et série, et au nom de la phalange entière. Les chefs spéciaux de chaque groupe, sous-groupe, série, sont maîtres de renvoyer les individus qui refuseraient de se conformer à la règle, et porteraient d'une manière quelconque le trouble et le désordre dans les travaux. L'individu, exclu d'un groupe, aurait le droit de se faire admettre immédiatement dans toute autre branche de travail. Pour qu'il fût banni de l'association, il faudrait que tous les groupes les uns après les autres l'eussent rejeté de leur sein.

Si en dehors de l'organisation il se commettait quelque faute grave, quelque délit, une infraction quelconque à l'ordre établi, il y aurait le groupe chargé du maintien de l'ordre qui prendrait connaissance du fait, et prononcerait, s'il y avait lieu, pour l'exclusion. Ce groupe ou corporation, composé pour la plupart de ses membres, des vieillards et matrones de la phalange, sera gardien de l'ordre harmonien, comme le groupe ou corporation des dévoués, composé essentiellement de jeunes gens des deux sexes, sera gardien de l'unité sociale, en se consacrant spécialement aux travaux répugnans.

Dans les commencemens de l'association, ce seront naturellement les fondateurs qui se réserveront le soin de maintenir l'ordre, et garderont le droit d'exclusion. A mesure que l'ordre sera établi, le droit d'élection, comme nous l'avons dit, remplacera dans tous les groupes et pour toutes les fonctions, l'impulsion des fondateurs. La corporation pour le maintien de l'ordre sera alors élue par le concours général des sociétaires.

L'exclusion serait un châtiment terrible pour les malheureux qui se verraient renvoyés dans la civilisation. Mais cela n'aurait lieu que si une seule phalange existait. Du moment où plusieurs s'éleveront simultanément, l'individu exclu d'une commune pourra immédiatement faire partie d'une autre et y recommencer une vie nouvelle. Aujourd'hui le malheureux exclu de la société pour ses fautes, n'a pas où se réfugier, ni où retremper son âme, ni où faire preuve de ses dispositions meilleures, de son désir de régénération.

La phalange professera-t-elle une religion ? qnelle sera la religion de la phalange ?

Il est hors de doute que la phalange ne doive professer une religion, puisque toutes les sociétés en professent, et que ce serait le plus grand signe de réprobation à leurs yeux, qu'un petit peuple à part n'en professant aucune. Quelle sera sa religion ? La religion dominante dans le pays où s'établiront les premières phalanges. La religion dominante, et à côté d'elle, le principe de tolérance ; car ce principe est aujourd'hui chose vulgarisée, il fait partie des lois, des mœurs ; il a été acquis à l'humanité par d'horribles luttes et d'effroyables douleurs ; il s'est emparé des âmes, il maîtrise les esprits ; il est devenu un fait accompli. C'est le principe de tolérance qui a préparé les voies de l'avenir, qui seul rend possibles l'association et les préludes d'harmonie dans la phalange ; il y aura donc tolérance pour tous les cultes ; il y aura le prêtre et la chapelle catholique pour les catholiques; si des protestans réclament, il y aura le prêtre et la chapelle protestante ; si des juifs sont en nombre et demandent une synagogue, il y aura une synagogue.

Quoi! dira-t-on, une théorie prêchant l'unité, laissera la divergence et la désharmonie dans les opinions religieuses, pire encore, mettra en présence des cultes contradictoires! Pourquoi ne pas élever plutôt une commune purement catholique, une autre purement protestante, une autre purement judaïque? Ou plutôt pourquoi ne pas proclamer le catholicisme comme religion unitaire, universelle? Le catholicisme ne renferme-t-il pas le principe sublime d'unité, n'a-t-il pas pour lui dix-huit siècles d'existence, et le Code divin de l'Évangile? Toutes les autres sectes chrétiennes ne sont-elles pas des enfans rebelles qui, au jour d'harmonie, doivent revenir au giron de leur mère, la sainte Église? Le judaïsme, le mahométisme ne sont-ils point des troncs d'un même arbre, dont le catholicisme est à la fois la racine et la tige, la sève et le suc nourricier? Pourquoi proclamer le principe anarchique de tolérance au lieu du principe unitaire que l'Église catholique renferme seule en son sein ?

Parce que l'anarchie, l'indifférence, le scepticisme règnent dans les opinions religieuses, et que l'association, qui a pour but de rallier tous les peuples de la terre, ne peut dans son principe que refléter le chaos actuel. Le caractère de toute religion, ou, pour mieux dire, de tout culte, est nécessairement l'intolérance. Aujourd'hui, la tolérance est dans les mœurs, dans les lois, dans les esprits, mais elle n'est point dans la religion même. La religion ne sera tolérante que quand elle sera *une* et régnera sur le monde entier. La lutte enfante nécessairement l'intolérance et la persécution. Proclamer une religion unitaire, ce n'est point l'établir. L'unité ne peut pas ressortir du chaos par la puissance de quelques individus. Le catholicisme a tenté vainement, durant dix-huit siècles, d'établir sur la terre l'unité des croyances; comment aurait-elle pu l'établir sans l'unité sociale? Vous érigeriez aujourd'hui le catholicisme pour religion dominante dans la phalange ; qu'arriverait-il ? Une phalange protestante s'élèverait à côté, et bientôt d'autres sectes, d'autres religions aboreraient leurs drapeaux contraires, se réunissant en communes divergentes, toutes ennemies les unes des autres, et ranimant les foyers éteints de l'intolérance et du fanatisme. Non, il faut la fusion des croyances, comme la fusion des races. Cette fusion n'est autre que la tolérance générale, elle seule peut permettre l'éducation unitaire avec le libre développement des facultés. Il faut que les enfans soient élevés dans l'amour du vrai et du juste ; que leur esprit, leur intelligence, leur pensée, aient libre essor comme leurs penchans et leurs vocations. Sans doute, leurs croyances intimes, religieuses et morales, différeront encore par nuances, cachet des individualités ; le déploiement libre des esprits enfantera non point leur parité exacte, mais bien leur originalité ; toutefois, ces nuances se confondront dans un ton général, d'où résultera une harmonie parfaite.

Et si ce n'était l'éducation unitaire, d'où cette harmonie pourrait-elle jamais naître? Quelle puissance humaine pourrait aujourd'hui relier les esprist, dans le chaos moral, intellectuel et matériel, où git la société entière? Je vois des hommes éminens par leur génie et leur position sociale, entreprendre de régénérer les croyances, d'y rattacher les masses, d'harmoniser les âmes dans une foi semblable. Les uns proclament la souveraineté immuable du catholicisme, l'infaillibilité de l'esprit qui l'anime depuis dix-huit siècles; d'autres essaient de le mitiger, de nous ramener au christianisme pur. Tâche vaine! Est-ce par des mots qu'on ranime la foi? Du moment qu'on raisonne avec la foi, c'est qu'elle est perdue. Au moyen-âge, les croyans ne raisonnaient pas, mais brûlaient et massacraient ceux qui raisonnaient. Du moment que vous raisonnez la foi, vous n'êtes plus catholique; vous vous jetez dans le protestantisme, vous formez secte. Quelle étrange manie que celle des faiseurs de religions! Et ils abondent dans ce siècle. Je ne parle point de ceux qui, revêtant de vieux oripeaux d'un clinquant d'emprunt, prétendent fonder un nouveau culte; je parle de ceux qui mitigent ou mutilent le catholicisme, selon la mesure de leur propre esprit, et prétendent donner leur caprice, leur fantaisie pour loi générale. Chacun pense rallier le monde entier à sa manière de voir. Beaucoup se croient réellement fondateurs d'une religion nouvelle. Les anciennes croyances ont vieilli; il faut une religion nouvelle à l'avenir; bâtissons donc une religion. Et l'on se met à l'œuvre : on crée une religion dans un livre; on la crée avec son esprit, avec sa science; il n'y manque qu'une chose, c'est la foi; et cependant l'on s'imagine la faire naître dans autrui. La foi! la foi aveugle, ardente, fanatique, s'alimentant d'elle-même, se renouvelant incessamment à sa propre source, sans jamais s'épuiser; cette foi est éteinte, elle est détruite, elle est à jamais anéantie; le raisonnement a partout remplacé la foi. Reste au cœur des hommes le sentiment religieux, impérissable, l'attachement aux anciennes formes du culte, et une attente vague de quelque révélation nouvelle dans l'avenir, qu'enfantera le bon sens des masses dans un milieu social où la vérité régnera sans partage.

Pourquoi du sens droit et juste de l'humanité entière, le catholicisme ne ressortirait-il point triomphant? Ne renferme-t-il pas les deux principes divins que Dieu a gravés au cœur de tous les hommes, et que le Christ a formulés dans sa loi : le principe de charité universelle, et le principe d'unité, se confondant l'un dans l'autre, n'étant possibles que l'un par l'autre. Le catholicisme ne pouvait engendrer l'harmonie des croyances que par l'unité sociale; pour forcer les peuples à l'unité, il a employé le fer et le feu; au lieu d'harmonie, il a engendré les haines, les persécutions, le fanatisme, la guerre, les schismes, les sectes, les religions dissidentes, le protestantisme sous toutes ses faces. Néanmoins, le catholicisme affaissé, croulant, frappé de toutes parts, résiste, reste debout, et domine encore le monde, par la puissance de son principe, l'*unité;* tandis qu'au contraire le protestantisme et la philosophie ne renferment que des élémens de dissolution, et appartiennent exclusivement aux sociétés morcelées, où règne la fantaisie individuelle, où la foi est perdue, où la raison est purement négative. La théorie de Fourier vient confirmer et accomplir le christianisme et le catholicisme dans leurs principes divins et éternels; elle réunit, relie tous les hommes par l'association; elle fait naître l'unité sociale de l'éducation unitaire, et fait jaillir l'harmonie de l'unité. N'est-ce point le but que le catholicisme a poursuivi jusqu'à nos jours, l'unité sociale qui seule peut engendrer l'unité de religion ? N'a-t-il pas tenté constamment d'imprimer une impulsion unitaire à l'éducation ? Il a toujours échoué dans ce but, parce que sa mission est toute spirituelle, et qu'il ne possède point les moyens d'organiser matériellement l'unité sociale. C'est ce fait immense que

Fourier est venu révéler au monde. Il est venu compléter l'œuvre du catholicisme par l'organisation unitaire du globe. Le catholicisme a préparé les voies à cette organisation ; la réalisation des principes de Fourier ralliera toutes les créatures sous la loi du catholicisme, considéré dans ses principes éternels, fraternité, unité.

La règle morale de l'association est donc l'observation rigoureuse des devoirs religieux et moraux, imposés par la civilisation. Cette observation n'entraîne ni feinte, ni mensonge, ni hypocrisie. Les sociétaires acceptent et accomplissent ces devoirs, par le sentiment qu'ils offrent dans l'état actuel, la seule garantie d'ordre, et ils se dévouent par vertu à cet ordre factice, comme ils se dévoueront par amour à l'ordre harmonien, dérivant de l'équilibre des forces sociales, et du déploiement complet des facultés.

CHAPITRE X.

ÉDUCATION UNITAIRE.

Dans la théorie sociétaire, l'éducation découle de toutes les institutions, en même temps qu'elle les enfante spontanément; elle n'est autre que l'organisation même de la société, et dure autant que la vie des individus, les prenant depuis le berceau jusqu'à la tombe. Donner le tableau précis de l'éducation unitaire dans la phalange, ce serait en même temps en décrire les institutions, les mœurs, les lois, les coutumes, l'organisation et la marche des travaux dans toutes les branches et toutes les spécialités ; ce serait donner application et développement à la loi sériaire dans ses modes les plus simples et les plus complexes ; ce serait rattacher toutes les connaissances humaines au principe d'analogie ; ce serait exposer la synthèse et l'analyse des lois éternelles qui régissent la création.

Ce travail ne sera pas l'œuvre d'un homme, ni peut-être d'un siècle. Fourier lui-même n'a pu qu'en poser les jalons et montrer la route. Le développement des sciences, et la pratique de l'association, pourront seules fournir les matériaux nécessaires au tableau complet de la loi sériaire, appliquée à l'éducation.

Je ne veux ici que jeter un coup d'œil sur l'éducation dans les premières phalanges, en faire ressortir les avantages immédiats, et donner le désir de sa réalisation.

Jetons un regard sur l'éducation dans nos écoles et nos colléges, pour mieux comprendre le bienfait de l'éducation unitaire. Voyons d'abord l'éducation pour les hommes, totalement différente de celle donnée aux femmes, tandis qu'en association l'éducation est la même pour tous, sauf les aptitudes et vocations diverses chez les deux sexes.

Voyez ces jeunes garçons réunis dans des colléges, pour y recevoir une prétendue éducation qui en résultat consiste en préceptes puérils, la routine des préjugés, la contrainte perpétuelle et une instruction mesquine et stérile. Un système uniforme d'études y asservit toutes les intelligences, mutile les vocations, les anéantit dans leur germe. On ne met point sous les yeux des jeunes élèves la pratique des travaux ; non, on leur met sous les yeux des livers, toujours des livres ; et encore quels livres ? Ce n'est pas leur langue qu'on leur enseigne, ce sont les langues mortes, les langues anciennes, étude de mots qui ne leur offrent ni attrait ni utilité. A cette étude, on ajoute des règles de versification et de rhétorique ; nouvelle étude de mots. Et si l'on y joint des morceaux d'histoire, quel en est le texte ! L'histoire ancienne, présentant les faits falsifiés, dénaturés, les plus propres à exalter, à fausser de jeunes esprits. Toute l'histoire ancienne est empreinte d'un fanatisme aveugle, ardent, pour la liberté, la patrie, la république, tous mots qui aujourd'hui ont changé de valeur, et n'ont plus de rapport avec l'ordre social actuel. C'est ainsi que dans les collèges, non seulement l'éducation est stérile, les études sont monotones et fastidieuses, mais encore elles habituent l'esprit à se payer de mots; elles faussent et égarent le jugement, elles exaltent dangereusement l'imagination. Quand on a ambitionné de devenir un Caton, un Scipion, un Alcibiade, comment se résigner à être surnuméraire dans un bureau, clerc de notaire, commis, stagiaire ! Quand on a rêvé le dévouement de Régulus et les vertus d'Aristide, comment se résigner à n'avoir d'héroïsme que celui qui fait courageusement braver l'ennui et les dégoûts attachés à toutes les professions! Pourtant c'est à cette étude fausse et stérile de l'antiquité, que nos pauvres enfans passent les plus belles, les plus joyeuses années de la vie, les années où les vocations utiles ne demandent qu'à éclore, où l'âme est ouverte à toutes les impressions justes, où elle aspire à l'idéal du bien et du beau. De la vie réelle, on ne leur dit rien ; on ne leur enseigne point ses périls, ses difficultés. Les idées utiles et positives sont bannies de l'instruction collégiale. Pour aider la jeunesse à pratiquer cette vie difficile, on leur donne pour toute ressource la teinture de sciences stériles. Et dans quel but ? Pour qu'ils aient le droit d'aller aux universités suivre des cours également stériles et arides, roulant sur la métaphysique, sur la philosophie ; ou bien sur les spécialités du droit et de la médecine, sciences creuses et prolixes qui ne conviennent qu'à un petit nombre d'organisations. C'est là que vont s'engloutir encore un nombre de belles années ; c'est là qu'achèvent de s'abîmer les esprits, enfin c'est là que l'âme même va se perdre. On le sait, dans quel isolement dangereux se trouvent de jeunes hommes contenus jusqu'alors dans la règle la plus sévère, qui tout à coup se trouvent indépendans au sein des grandes villes, et n'ont de contre-poids aux passions fougueuses de leur âge, que des études monotones, ne satisfaisant en rien à l'immense besoin d'activité physique et morale qui s'est emparée d'eux. Aussi, de cet isolement, de cette compression des facultés, naît la subversion des passions. Autant elles étaient utiles et salutaires, autant elles deviennent pernicieuses et funestes. On voit les natures les mieux douées contracter les plus tristes habitudes, s'adonner aux plus funestes penchans. Enfin, lorsque les parens se sont épuisés de sacrifices, que les enfans ont pâli, souffert durant douze ou quinze années sur leurs rudimens, ont-ils une carrière faite, un état, des moyens d'existence assurés? Non, ils ont un diplôme de docteur. *Un diplôme!* Voilà où tant d'efforts ont abouti. Ils ont le droit d'être médecins ou avocats dans une société ou les médecins et les avocats regorgent, par ce système même d'éducation. Et s'ils n'ont pas de clientelle, si leur diplôme ne leur donne pas un morceau de pain à mettre sous la dent, que feront-ils? que deviendront-ils avec leur science si restreinte? Ils ne sont capables d'aucun métier, d'aucune industrie; ils y répugnent par préjugés, et de plus, les malheureux ont de l'ambition, car c'est un sentiment naturel, général, exalté par l'éducation; mille fois ils ont rêvé l'opulence et la gloire. Ils ont aussi ambitionné les joies de la famille; mais comment oseraient-ils se charger d'une femme et d'enfans, tant que leur situation reste médiocre et précaire, dans une société où le ménage familial est chose si onéreuse et si pesante?

Toutes les autres carrières qui n'exigent pas les études de collége et le doctorat sont également hérissées d'épines, entourées d'obstacles, veulent de pénibles études ou un apprentissage long et difficile. Restent les travaux manuels et agricoles, abandonnés à la nombreuse classe des prolétaires dont la grande majorité ne reçoit d'éducation d'aucune sorte, gagne péniblement le pain quotidien, sans participer aux jouissances artistiques et intellec-

-tuelles, ni posséder aucun moyen de donner essor à ses diverses aptitudes.

L'éducation des femmes est plus triste encore que celle des hommes. Elles sont plus esclaves, plus comprimées. Je ne parle point des maux, de la souffrance, de la dégradation de la femme prolétaire. Je prends la femme privilégiée, la jeune fille, objet de sollicitude d'une famille aisée. Eh bien! dans cette classe, les femmes, comme les hommes, reçoivent une éducation fausse et stérile. Leur intelligence si diverse, leur esprit si varié, passent sous un même niveau, reçoivent un moule semblable. Dans le développement de leurs facultés, les préjugés sont consultés, et non point les aptitudes. Toute indépendance leur est déniée; elles ne peuvent ni penser ni agir librement. On les façonne comme des poupées, sur le type arbitraire de la demoiselle dite bien élevée; peu importent les différences essentielles de la nature; toutes doivent se courber en mesure égale sous le joug de la routine, des usages et des convenances. Peu importe qu'elles aient besoin d'air, de mouvement, d'une vie active, occupée, d'un développement artistique, intellectuel; on les élève, non pas dans le but de ce que chacune d'elles pourrait devenir, mais dans le sens de la nature factice que le monde exige uniformément de toutes. La franchise, la spontanéité, la naïveté des impressions leur sont interdites; elles doivent se faire un masque, un langage, un esprit de convenance; leur naturel même doit être affecté. En un mot, c'est une éducation factice, qui forme un être de convention, pour une société où tout est mensonge. Je n'entre pas dans le détail des puérilités de cette éducation, de la routine des préceptes, de l'instruction superficielle, des vices des pensionnats, des inconvéniens de l'éducation familiale, de la contradiction des mœurs réelles avec les principes rigoureux qu'on leur inculque, de la monotonie, de l'ennui, de la contrainte, de la sujétion de leur vie de demoiselles. Je dirai simplement que leur éducation a pour but unique le mariage ; et qu'en même temps qu'on leur fait tendre leurs vœux et leurs efforts vers ce résultat, on leur fait la loi de ne jamais paraître y songer. Je dirai que le mariage le plus souvent est un marché ignoble; que la femme, objet de débats pécuniaires, se voit avilie de fait dans ces tristes conflits; je dirai que le mariage lui ouvre une carrière nouvelle de dévouement, de douleurs et de vertus, à laquelle son éducation toute négative ne l'a point préparée; et qu'elle ne reçoit l'enseignement de la vie réelle que des plus cruels désappointemens, et de la plus terrible expérience. En total, l'éducation factice et stérile des femmes ne les prépare à aucune des chances douloureuses dont la vie est remplie, et ne les garantit contre aucun de ses maux et de ses dangers. On détruit chez elles toute énergie, toute indépendance; on colore à leurs yeux tous les objets des couleurs les plus fausses; on les élève pour le bonheur, puis on les abandonne sans défense à un monde faux, corrompu, vicieux, impitoyable, où il faut sans cesse se défendre, lutter et vaincre dans des périls toujours renaissans.

En regard de cette éducation factice, traçons un tableau succinct de l'éducation unitaire.

Dès leur naissance, les enfans réunis dans de grandes salles bien chauffées l'hiver, bien aérées l'été, sont dégagés de liens, libres dans leurs mouvemens, allaités par leurs mères, et soignés par les femmes et jeunes filles qui s'entr'aident et se relaient par courtes séances. Les enfans bien soignés et caressés, se distraisant entre eux, ne sont pas maladifs et difficiles comme dans les ménages actuels où leur surveillance est si pénible et si coûteuse, et encore où l'on a tant de peines à les préserver d'accidens et à les conserver. Dès qu'ils commencent à marcher, à acquérir de la connaissance, les vieillards et les matrones qui aiment l'enfance de prédilection, guident leurs pas et les conduisent dans les jardins, dans les champs, dans les granges, les étables, les ateliers, où ils ont partout sous les yeux des groupes de travailleurs, et la pratique des travaux agricoles, industriels et domestiques. On sait combien les enfans sont imitateurs et actifs ; il faut qu'ils soient toujours occupés, et ils veulent faire tout ce qu'ils voient. Aussi, en présence de ce tableau vivant, leurs instincts se révèlent de bonne heure ; ils cherchent à imiter tout travail qui les frappe ; on leur procure des instrumens miniatures à leur portée ; ils font ainsi un apprentissage aisé des divers travaux ; à mesure qu'ils s'exercent, ils se rendent positivement utiles ; ils produisent, et bientôt ne sont plus à charge à la commune, leur mère patrie, leur grande famille.

La contrainte et les châtimens ne sont jamais nécessaires. L'émulation naît du concours des jeunes élèves à des travaux semblables. Pour faire mieux ressortir cette émulation, ils sont partagés en diverses tribus, où ils entrent successivement à mesure du développement de leurs forces physiques et intellectuelles. Les tribus plus avancées jouissent d'avantages graduellement supérieurs, tels qu'instrumens et outils de travail plus solides et perfectionnés, musique, bannière, vétemens de parade, chevaux nains, etc. Ces avantages gradués sont ambitionnés ardemment dans chaque tribu par la tribu inférieure ; de sorte qu'il y a une émulation très-vive, sans être pénible ; car elle convoite des objets qu'elle est sûre d'obtenir. L'émulation fait naître la fougue et l'ardeur ; c'est à qui s'instruira le plus, pratiquera le mieux. Il n'est pas question de récréations ni de divertissemens ; ce sont les travaux mêmes qui sont changés en plaisirs ; le divertissement consiste dans la variété.

Ainsi croissent et se développent les enfans des deux sexes, dans toute la spontanéité de leur être. Guidés, surveillés, ils n'en sont pas moins abandonnés à l'impulsion libre de la nature. Dès leur tendre enfance, ils se sentent faire partie d'un tout, auquel ils s'harmonisent passionnément, chacun en rapport de ses facultés. Dans l'état actuel, nous avons tous souci d'arranger, ordonner notre temps, de le remplir ; ou bien, nous sommes attachés forcément à une tâche journalière, chaîne pesante qui captive l'esprit et le corps; ou bien, chaque jour nous devons chercher comment remplir les heures, et inventer soit des occupations, soit des plaisirs, qui bientôt nous fatiguent et nous ennuient. Ce travail, que nous faisons toute notre vie pour trouver emploi à notre temps, nous le faisons de même pour nos enfans ; l'éducation n'est, à vrai dire, que le moyen d'exercer leurs facultés, et de remplir leurs heures ; les pauvres petits nous assistent à cette tâche, et du moins dans les récréations, s'ingénient à trouver mille divertissemens qui se succèdent. Et cependant, non seulement à leurs heures de travail, ils pâlissent sur l'étude, ils n'obéissent guère qu'à la contrainte, mais encore aux heures de récréation, ils se plaignent de l'ennui, et demandent qu'on les amuse.

L'ennui, voilà le mal terrible qui consume l'enfance, et s'étend sur toute la vie; l'ennui qui dévore, qui tue, cause des plus tristes égaremens, auquel on préfère les sujétions les plus odieuses. L'ennui, comme tous les maux, est produit du morcellement, où chacun a le soin de se gouverner soi-même, de se distraire soi-même, de se créer un milieu ordonné et harmonisé, dans le grand milieu où tout est confusion et désordre. En association, la vie est faite, ordonnée, harmonisée, pour tous. On n'a pas plus la peine de songer à remplir ses heures, qu'à se créer des moyens d'existence. Si, d'une part, on est assuré du *minimum*; d'autre part, dès la tendre enfance, on trouve à chaque pas, à chaque moment, une foule d'occupations, de plaisirs, de jouissances toutes créées, tout organisées, qui s'offrent à vous, vous invitent, vous attirent, et auxquels vous vous laissez aller successivement par libre impulsion, par goût, choix, attrait. Le milieu social dans l'état sociétaire, c'est la vie même qui est organisée, et à laquelle chacun de nous s'abandonne suivant son penchant, ses inclinations diverses. On ne songe plus à vivre, mais on vit; on vit et l'on jouit dans le présent, au lieu de se jeter incessamment dans les souvenirs et les regrets du passé, ou bien les craintes et les espérances de l'avenir. Nous n'avons le souci de la vie ni pour nous, ni pour nos enfans. Le milieu social alimente les facultés, remplit les heures, satisfait les désirs, dès la tendre enfance jusqu'à la vieillesse la plus reculée. Le vide de l'âme, l'ennui de l'esprit, la torpeur du corps sont des maux inconnus en association. Nous jouissons dans nos enfans, mais sans prendre plus de soucis de leur sort, que du nôtre, et sans nous mêler des occupations qui remplissent alternativement toutes leurs heures. La vie en association est en quelque sorte purement attractive ; nous nous laissons aller à vivre comme tous les objets de la création, accomplissant leur mission d'harmonie ; seulement, nous avons de plus le sentiment de notre existence et de notre bonheur, la faculté de réfléchir, d'acquiescer aux lois d'harmonie, est d'en glorifier le divin auteur.

L'éducation n'est donc pas une tâche ni pour les parens ni pour des instituteurs spéciaux ; elle naît naturellmeent du milieu sociétaire, elle n'est autre que l'initiation à la vie harmonienne, initiation successive qui se prolonge sans interruption toute la durée de la carrière.

Nous avons vu les enfans des deux sexes, guidés dans le premier âge par les vieillards et matrones, faire leurs apprentissages, et s'enrôler dans les groupes d'industries diverses, selon leurs vocations et leurs penchans. A la seconde tribu, ils sont déjà instituteurs en même temps qu'élèves; en devenant exemple et modèle de la plus jeune tribu, tous les harmoniens sont de la sorte élèves et instituteurs jusqu'à l'âge le plus avancé; car le désir de savoir, de progresser ne périt pas chez l'homme, mais augmente en mesure des connaissances. Comme chaque harmonien possède un grand nombre de spécialités qui tiennent à l'universalité des connaissances, chacun a le désir de toujours pousser plus avant ses investigations dans la science, et chacun est maître ou disciple, suivant le degré qu'il a atteint.

Aujourd'hui, le professorat, surtout dans les bas degrés, est un fort triste métier, d'ailleurs métier mercantile et sans vocation réelle. Nous ne voyons guère les hautes spécialités dans les arts, les sciences, l'industrie, enseigner publiquement les masses, et prodiguer à tous les dons de leur savoir. L'enseignement est en quelque sorte un état subalterne, séparé de la science; c'est une méthode routinière s'appliquant à toutes les intelligences; c'est un mélange de principes confus, puisés çà et là, présentés arbitrairement sur l'autorité de tel ou tel maître. Comme si l'enseignement ne devait pas être le premier sacerdoce chez une nation; comme s'il n'appartenait pas aux premiers talens, aux plus hauts génies, de formuler les principes, les méthodes nouvelles des sciences et de faire avancer les nations en les tenant au niveau du progrès même de l'esprit humain auquel chaque âge concourt par toutes les hautes capacités qu'il engendre.

Non seulement l'enseignement est subalterne et routinier; mais encore il isole toutes les connaissances, toutes les parties de la science, et sépare généralement la théorie de la pratique. Au peuple, les travaux manuels, routiniers; aux classes aisées, à la jeunesse des colléges, la théorie abstraite, les principes creux, les mots sonores; sous ces deux faces, l'instruction reste également incomplète, l'intelligence est également mutilée, l'esprit vicié; de la sorte nous appartenons tous presqu'exclusivement à la vie routinière, ou bien à la vie abstraite; comment en serait-il autrement, puisque la société établit cette scission des intelligences par son organisation même qui ne permet la science qu'aux riches, aux privilégiés ?

En association, la théorie s'unit naturellement à la pratique, dans tous les connaissances; dès l'âge le plus tendre, chacun a coutume de raisonner et pratiquer à la fois. En même temps chacun en possède les moyens, puisque l'organisation sociale n'est autre que l'organisation du travail, et que chaque branche des connaissances humaines possède des chefs, des spécialités, qui sont directeurs et instituteurs dans les groupes divers.

La réunion de la théorie à la pratique rend toutes les études attrayantes. Le désir de connaître, de savoir, et inné chez l'homme. C'est la passion la plus vive à tous les âges. Lorsque la science rebute, c'est qu'elle est présentée sous des formes abstraites, c'est qu'on ne la comprend pas, et qu'on ne devine même pas à quels objets elle se rapporte. Qu'est-ce que la science en elle-même ? C'est le principe, le développement, l'analyse et la synthèse de tous les faits naturels et moraux ; or, le développement et l'analyse des faits découlent nécessairement de leur connaissance. Il faut donc que la pratique, le maniement des faits précède la théorie ; il faut que l'abstraction prenne sa base dans le fait même ; la nature nous l'indique en exerçant les sens avant le jugement ; l'enfant regarde, palpe, s'empare en quelque sorte de la nature extérieure, avant de demander le pourquoi des choses.

Dans le système d'éducation unitaire, le fait base toujours le principe, et la théorie s'assimile naturellement à la pratique. Les enfans des deux sexes manient long-temps les outils avant de toucher aux livres. Ils exercent leurs membres et leurs forces sur mille objets de culture et d'industrie avant de remonter aux principes. Mais peu à peu leur curiosité s'éveille, ils témoignent le désir de savoir. Ils considèrent, examinent tous les objets qui les intéressent, qui ont rapport à eux-mêmes, qui, en quelque sorte, font partie d'eux. C'est leur propre corps, ce sont les vêtemens qui les couvrent, les meubles qui les environnent, les outils dont ils se servent, les alimens dont ils se nourrissent, qui excitent d'abord leur attention. Dès les premiers éclaircissemens qu'on leur accorde, ils saisissent immédiatement les rapports de l'agriculture à la gastronomie et à l'industrie; ce beurre, ce fromage, ce sont les vaches qui en fournissent le lait; cette huile provient du colza; ce vin est donné par les vignobles; cette laine est fournie par les moutons; cette toile, on la fabrique avec le lin ou le chanvre; ces meubles, on les a façonnés avec les arbres de la forêt. On ne se borne pas à satisfaire leur curiosité par des mots, on les conduit dans les ateliers de menuiserie, dans les fabriques de laine, de toile; on les fait participer aux vendanges, à la manutention du lait, du colza; partout ils voient l'application des principes; de la sorte, ils cherchent à se rendre compte de tous les objets qui existent, et de leurs rapports.

À mesure qu'ils commencent à réfléchir, leur attention se porte sur les phénomènes de la nature. Ils s'enquièrent pourquoi le changement des saisons, les feuilles qui tombent, les arbres qui verdissent, le soleil qui se lève et se couche, qui brûle et ralentit ses ardeurs, le firmament resplendissant d'étoiles, la lune qui varie, l'air qui se charge d'électricité, le nuage qui éclate, le vent qui souffle, le fruit naissant de la fleur, les animaux témoignant leurs instincts, les trésors cachés aux entrailles de la terre et au sein des mers. Or, la plus simple analyse de ces faits, renferme les bases de toutes les sciences physiques et naturelles. On ne les donne point dans des cours abstraits, isolés, mais en présence de la nature, du ciel et de ses merveilles, de la terre toute couverte de ses produits, ou bien déchirée intérieurement par le travail des mineurs. On expose ainsi les faits par la méthode sériaire, les partageant en genres et en espèces; on fait saisir l'application des sciences physiques aux sciences naturelles, l'utilité de ces rapports pour l'industrie, c'est-à-dire pour le bien-être des hommes : en un mot, l'analogie de tout ce qui existe réunissant tous les faits de la création, les faisant découler les uns des autres, les divisant, les subdivisant, pour ensuite les réunir; les rattacher en groupes successifs, jusqu'au principe unique Dieu, dont on parvient ainsi à comprendre spontanément la nature infinie et incréée.

Aussitôt que les jeunes élèves ont saisi, non point abstractivement, mais par l'initiation même des faits, le principe sublime de l'analogie, c'est comme un voile qui leur tombe des yeux, et leur montre la nature vivante, animée, témoignant Dieu dans ses aspects, le glorifiant dans ses milliers de voix. Le sentiment religieux et moral se révèle en eux, leur jugement est formé, leur raison a acquis de la maturité ; ils deviennent capables de comprendre les rapports sociaux. Alors, ils s'enquièrent de l'humanité ; ils demandent ce que les hommes furent dans tous les temps ; par quelles phases sociales ils ont passé, quelles ont été les législations, les systèmes divers, les événemens, les progrès des arts, des sciences, de l'industrie ; ils s'informent des hommes célèbres, des inventeurs, en un mot, de tous les faits de l'histoire. Quand leur esprit est à cette hauteur, ils n'ont plus d'instituteurs, mais seulement des égaux ; on leur livre les trésors des bibliothèques ; ils dévorent l'histoire des siècles passés, s'initient à toutes les littératures, se livrent au charme des œuvres de l'imagination et de la poésie divine, révélant à l'homme ce que son âme renferme de sentimens exquis.

Dans cette initiation, de nouvelles vocations se révèlent. On se sent plus ou moins artiste ou industriel, poète ou géomètre, penseur ou praticien. Parmi les élèves, les uns s'adonnent de préférence aux études abstraites, les autres n'en font qu'un objet de distraction; mais tous continuent à joindre les occupations industrielles et manuelles, à l'étude de la littérature, des sciences et des arts.

La méthode générale d'instruction est donc l'analyse réunie à la synthèse, l'analogie universelle faisant découler tous les principes les uns des autres, et unissant étroitement les arts et les sciences. Voyez, par exemple, les mathématiques, comme elles s'adaptent à toutes les branches des travaux; elles s'appliquent tour-à-tour à l'arpentage du sol, à la construction des bâtimens, aux canaux, aux ponts, aux chaussées, aux machines, aux mécaniques, aux usines. Il en est de même de la physique de la chimie, des sciences naturelles; les jeunes élèves vont d'une branche à l'autre, voyant toujours s'agrandir le domaine de la science, et toujours complétant leurs études, sans rien oublier, parce que toutes s'enchaînent, et se confirment l'une par l'autre. Par exemple, faites l'histoire du fer dans son origine, sa fabrication, et l'immense variété de ses emplois, vous conduirez l'élève de la mine à la forge, et de la forge à tous les ateliers, à toutes les usines. Poursuivez, et vous vous transporterez en imagination sur les champs de bataille, pour y analyser tout ce que les passions subversives des hommes ont produit de plus exécrable, de plus hideux. Faites l'histoire de l'or et de l'argent, vous analyserez toutes les merveilles des arts, et en même temps toutes les corruptions du luxe et des mœurs. De la sorte, dans l'éducation unitaire, nulle étude ne reste isolée ; l'une conduit irrésistiblement à l'autre ; bien que l'instruction soit limitée, et que chacun n'embrasse de connaissances spéciales qu'en mesure de ses forces ; l'esprit ne se limite pas, et saisit perpétuellement dans ses travaux et ses méditations, les liens intimes qui unissent tous les êtres de la création. Comme, d'autre part, la variété des travaux sert au corps ainsi qu'à l'esprit de perpétuelle gymnastique, tous les membres s'y exercent, toutes les facultés s'y déploient; ainsi s'accomplit leur développement intégral. A vingt ans, les jeunes hommes possèdent la vigueur du corps, la justesse de l'esprit, l'encyclopédie des connaissances humaines, et un grand nombre de spécialités dans les sciences, les arts et les travaux manuels. Les passions qui bouillonnent à cet âge, ne font que leur prêter plus de fougue et d'ardeur pour les choses utiles. Toutes les carrières leur sont ouvertes; ils n'ont pas à craindre de partialité, d'injustice ;• chacun est classé à coup sûr selon ses capacités diverses. Ils se marient jeunes, et n'ont à consulter que le penchant de leur cœur, puisque l'aisance est le partage de tous, et que l'éducation est assurée pour leurs enfans comme pour eux-mêmes.

La culture de l'âme n'a pas été négligée. Déjà dans l'adolescence, lorsque les passions commencent à éclore, et tournent en sentimens affectueux pour toutes les créatures, on utilise cette disposition dans l'admirable corporation des dévoués. Elle est composée essentiellement des jeunes gens des deux sexes; ceux qui en font partie se consacrent aux travaux rudes et grossiers qui n'attirent point spontanément les travailleurs; de la sorte, aucune classe n'est sacrifiée, aucun individu ne travaille par contrainte. Le dévouement de cette généreuse corporation est véritablement le palladium de la liberté sociale. Plus tard, le dévouement prend une extension plus large dans les armées industrielles, lorsqu'un million d'hommes se réunissent de tous les points de la terre, pour aplanir les montagnes, creuser les rochers, fertiliser les déserts. Ainsi s'alimente la soif du dévouement; ainsi toutes les ambitions, toutes les activités si désordonnées dans l'état actuel, aboutissent en association aux actions les plus sublimes.

En regard de la corporation des dévoués, se consacrant par impulsion naturelle aux travaux rudes et répugnans, se trouve la corporation de ceux qui par une impulsion également naturelle, s'adonnent aux arts de luxe et d'agrément, à la conservation du goût, des manières élégantes, du ton unitaire. Aujourd'hui le luxe et l'élégance forment l'apanage de quelques salons privilégiés et aristocratiques. On doit blâmer et plaindre les gens d'une condition médiocre qui s'avisent d'aimer le luxe et l'élégance; particulièrement les artistes pauvres sont fort malheureux par leur goût inné de recherche et leur sentiment instinctif de délicatesse; car, forcés de faire un métier de leur art, ils offrent souvent un triste contraste entre l'idéal de leurs œuvres et la réalité de leur existence. Aujourd'hui, enfin, les moralistes doivent tancer le luxe, et l'avertir que la misère pleure et se tord de désespoir à ses côtés. En association le luxe est collectif; chacun participe à ses jouissances; il est un surplus de l'aisance; ceux qui se consacrent aux arts de luxe, se dévouent véritablement à l'intérêt général. Par luxe, nous devons comprendre non seulement tout ce qui tient à l'éclat des objets extérieurs, mais encore à la pensée artistique qui les orne, aux raffinemens des manières, du langage et du ton. Les artistes sont tous dévoués au luxe ; ils y président naturellement. En association, ils sont gardiens du goût, de la recherche, de l'élégance; ils y font participer les masses déjà prédisposées au ton unitaire par l'égalité de l'éducation. La pratique des arts n'est plus une œuvre mercantile ; elle devient un sublime sacerdoce, ayant pour but d'élever les âmes vers le beau idéal et de les tenir perpétuellement ouvertes à la foi, à l'amour, à l'enthousiasme, sentimens vivifians, source féconde des belles actions et des grandes vertus.

Le système d'éducation est exactement semblable, pour les jeunes filles et pour les jeunes garçons. Les premières, comme les derniers, ont le choix parmi les groupes et séries, et s'enrôlent librement selon leurs vocations et aptitudes. De cette spontanéité, naît la différence précise qui doit exister selon les vues du créateur dans les travaux des deux sexes. Jusqu'aujourd'hui, cette différence a toujours été établie arbitrairement par les lois et la coutume. L'éducation unitaire nous révélera la proportion exacte dans laquelle les femmes doivent participer aux arts, aux sciences, aux travaux d'industrie. Toutes les difficultés touchant leur rôle social, seront également résolues. Autant dans l'ordre actuel, il serait absurde, dangereux, de les appeler aux fonctions publiques, autant dans la phalange il sera naturel qu'elles fassent partie des diverses tribus et corporations, et qu'elles aient voix délibérative pour les intérêts spéciaux des groupes et séries où elles coopèrent, et les intérêts généraux de la phalange. C'est ainsi que par la seule impulsion des aptitudes, la femme sera réintégrée dans ses droits qui ne sont autres pour elle, comme pour les hommes, que le libre développement de son être; elle sera émancipée, c'est-à-dire dégagée des liens arbitraires dont l'enchaînent, les fantaisies particulières, et les préjugés de chaque génération; elle deviendra égale de l'homme en droits, en restant inégale de fait par la variété et la diversité des habitudes; elle sera classée socialement selon les lois naturelles et divines; elle sera libre et par conséquent *vraie*, et par conséquent *morale*, car la moralité ne peut ressortir que de la vérité. Ce résultat, impossible dans l'état actuel, s'obtient immédiatement en association, sans efforts, ni secousses, ni lois nouvelles, par la seule puissance de l'organisation du travail, et de l'éducation unitaire.

Toutefois, on fera une objection puissante. On dira : Nous accordons à la femme le libre développement de ses facultés, l'éclosion de ses aptitudes, son admission à tous les emplois selon ses vocations diverses; nous lui accordons ces droits dans l'état sociétaire où l'organisation sériaire formera la règle et la limite à son rôle social; mais reste la difficulté du mélange, du contact des deux sexes, dès la tendre enfance, dans tous les emplois, toutes les carrières, toutes les fonctions ; ce contact nous semble dangereux pour la décence, pour les mœurs. Nous demandons garantie pour la fidélité de nos femmes, pour la modestie de nos filles, pour les liens de la famille. Sinon, votre ordre social est factice, il croulera, comme toutes les sociétés passées, par le luxe, la mollesse, la corruption et l'esclavage de la femme. Que cette objection soit levée, que ce doute soit banni des esprits, et le monde se précipitera dans les voies nouvelles d'association et d'harmonie.

CHAPITRE XI.

DES FEMMES ET DES MŒURS EN HARMONIE.

Cette objection est grave ; la question des mœurs dans l'état sociétaire est de la plus haute importance. Il faut oser l'aborder franchement ; il faut que ceux qui prendront l'initiative d'une réalisation précisent nettement leur pensée à cet égard.

Examinons d'abord les mœurs en association sous le point de vue moral et chrétien, en laissant de côté les doctrines de Fourier. Ensuite, nous plaçant au point de vue harmonien, nous jeterons un coup d'œil rapide sur ces mêmes doctrines.

J'ai démontré, dans l'exposition critique des mœurs actuelles, qu'elles sont en contradiction flagrante avec le principe moral et chrétien, et que tout le monde semble d'accord pour prêcher les principes moraux et pour les éluder. J'ai prouvé qu'il est d'une impossibilité absolue, dans l'état actuel, pour la majorité des hommes et des femmes, d'observer dans toute leur rigueur les principes chrétiens touchant les mœurs.

La société est basée sur la famille et le mariage; comment n'y aurait-il pas désordre de mœurs, lorsque la plupart des hommes ne se marient point dans la crainte des charges et des embarras d'une famille, et recherchent un dédommagement dans des amours illicites; lorsque peut-être un tiers des femmes sont condamnées à l'opprobre par l'excès de la misère, et que la plupart des autres, dans le but de se créer une position sociale, acceptent des mariages de convenance où le cœur n'a point de part ? Le désordre des mœurs tient intimement dans l'état actuel au vice de l'économie sociale ; tant qu'on n'assure point l'aisance à tous, et que de la sorte on ne facilite le mariage pour tous, le principe chrétien sera nécessairement éludé, en quelque sorte d'un commun accord, en dépit des lois, de l'opinion, de la religion.

En association, toutes ces difficultés se trouvent immédiatement résolues. Chaque individu, homme ou femme, dès la tendre enfance, a droit au minimum, à l'éducation, et aux instrumens de travail ; dès l'âge de cinq ou six ans, son travail est rétribué, il n'est plus à charge à la commune ; à mesure qu'il progresse dans ses divers apprentissages, et que ses aptitudes se manifestent, il s'enrôle dans un plus grand nombre de groupes et séries, et de la sorte élargit toujours ses moyens de fortune, en augmentant ses droits à la répartition générale des bénéfices au bout de l'année. La femme jouit ainsi d'une existence entièrement indépendante ; il n'y a plus de nécessité pour elle de se vendre, ou bien de se marier contre son inclination; l'homme n'a plus à emprunter le rôle si vil, si bas, si faux, de séducteur; la femme n'a plus à fléchir, ni à se dégrader sous la nécessité si humiliante de se faire épouser; tous deux peuvent être entièrement francs et véridiques dans leurs relations; ils possèdent l'aisance, le travail, diverses carrières, des moyens de gloire et de fortune ; lorsque vient pour eux le moment de faire choix d'un époux ou d'une épouse, ils n'ont véritablement à écouter que le penchant, l'inclination, les convenances naturelles, l'harmonie des caractères, la sympathie des âmes.

Certes, si le mariage, tel que l'institue la loi chrétienne, est conforme aux lois naturelles et divines, jamais ce lien n'aura trouvé plus de garanties que dans un ordre de choses où les jeunes gens élevés dans l'innocence et la pureté des mœurs, auront eu, chaque jour, dès la tendre enfance, occasion de se voir, de se connaître, de s'apprécier, de s'aimer; où l'instinct les éclairera sur la nature de leur penchant, et non point un esprit précoce, une imagination fanée prématurément ; où la variété des travaux sériaires, en les rapprochant et les éloignant tour à tour, donnera à leur amour mille chances journalières qui lui prêteront un charme aujourd'hui inconnu ; où enfin, lorsqu'ils se seront parlé, entendus, ils n'auront qu'à demander d'être unis pour que leurs vœux soient exaucés ; où ils s'appartiendront, dans la fleur de la jeunesse, de la beauté, de l'innocence, animés d'un premier amour, connaissant mutuellement toutes leurs pensées, tous leurs sentimens, toute leur vie, ne sachant rien de la corruption, de la fausseté, des tristes antécédens qui président aujourd'hui aux relations mensongères des deux sexes, aux amours flétris de la civilisation.

Comment s'aimeront des êtres aussi purs, aussi chastes, dans une société organisée pour le travail, où l'oisiveté est inconnue, où toutes les passions se contrebalancent et s'équilibrent, où la galanterie insipide, les intrigues vulgaires, l'esprit de séduction, les mauvais propos, les tristes exemples du monde, les lectures dangereuses, la corruption, le scandale, où toutes ces choses sont totalement effacées et inconnues? — comment s'aimeront deux êtres entièrement chastes et candides dans un milieu social où la vérité préside, où le sentiment religieux domine? c'est ce qu'il est impossible aujourd'hui de préciser, ni de se figurer. Dans nos prévisions, nous restons influencés par le désordre et la corruption que nous avons sous les yeux; nous ne saurions nous représenter, au point de vue actuel, ni une société guérie de ses erreurs et de ses vices, ni les hommes et les femmes que fera éclore l'éducation unitaire, ni les mœurs qui naîtront spontanément de cet ordre de choses ; nous ne saurions préciser le rôle que jouera l'amour dans cette société nouvelle, ni l'empire qu'il aura sur les âmes; nous ne saurions dire si la constance à un premier et unique amour ne deviendra pas une loi toute naturelle, en parfait accord avec la loi chrétienne? Il ne nous est pas permis de rien affirmer à cet égard; nous ne pouvons que jeter les fondemens de l'association où nos enfans, à l'abri de tout souffle contagieux, semblables aux anges du Seigneur, se développeront librement dans toute l'innocence et la naïveté de leurs impressions.

Mais la jeune fille restera-t-elle candide et chaste, dans cette éducation où les sexes sont confondus, où chacun jouit d'une liberté entière? N'est-ce pas, au contraire, pousser la jeunesse au désordre plus encore que dans notre civilisation, où les jeunes gens des deux sexes, élevés séparément, sont soumis, surtout les jeunes filles, à une surveillance sévère?

Oui, dans l'éducation actuelle, on croit avoir tout gagné en tenant les jeunes filles dans l'ignorance, en séparant les deux sexes dans les études du premier âge, et plus tard dans les fonctions publiques. Mais qu'importe cette séparation dans les écoles, les colléges, les ateliers, les administrations, puisque tout contact du monde réunit les jeunes filles et les jeunes hommes, et que ce contact est peut-être d'autant plus dangereux qu'il a été moins fréquent. Quelle singulière anomalie dans nos mœurs que la sévérité extrême de l'éducation de demoiselles, et de la liberté, je dirai presque la licence des bals ! On a beau séparer les sexes dans la première éducation, et baser la chasteté de la femme sur l'ignorance, vient toujours le moment où elle est jetée dans un monde vicieux, où elle se voit entourée d'une corruption effrayante et de mille dangers, où il faut bien qu'elle apprenne à se défendre de ses propres forces, de ses propres lumières. Plus son ignorance sera grande, plus elle devra payer chèrement la connaissance du mal et l'expérience du danger. Plus elle aura été sevrée d'hommages, de fêtes, de plaisirs, plus elle sera étourdie, enivrée de ces sensations nouvelles. N'est-il pas d'une observation constante que plus la femme est séquestrée, opprimée, plus elle brise violemment ses liens, et perd du sentiment naturel de dignité et de modestie ? A quoi bon, dans nos sociétés corrompues, lui cacher le mal, puisqu'il l'entoure de toutes parts, et que l'ignorance est un danger ? A quoi bon revêtir la jeune fille d'un voile de pureté et d'innocence, puisque tout frottement avec ce qui existe, les causeries dérobées avec ses compagnes, les bavardages avec ses institutrices, les conversations du monde, les spectacles, les concerts, les bals, les livres, les journaux, les promenades, la voie publique, tout souffle de ce monde qui bruit tout à l'entour d'elle, porte atteinte à sa naïveté, à sa candeur, ternit ce charme d'innocence dont vainement l'éducation la plus soignée, la mère la plus attentive, ont cherché à l'envelopper, à la recouvrir ? Ce n'est pas qu'il soit préférable d'initier de bonne heure la jeune fille à la connaissance du mal, afin qu'elle se fortifie contre les séductions cachées, et la contagion du mauvais exemple, au détriment de la belle modestie, de la touchante candeur, qui caractérisent et ornent son sexe. Non, j'ai seulement voulu dire que l'éducation de la femme est encore plus impossible que celle de l'homme dans un milieu vicieux, où ses meilleures qualités menacent de tourner à son détriment, où un spectacle de hideuse corruption s'étale à ses regards, où ses yeux et ses oreilles sont constamment blessés, où les sentimens exquis de pudeur, de délicatesse, de dignité, ne peuvent lui être qu'un sujet de souffrance morale, en la mettant en désaccord avec tout ce qui l'entoure.

En association seulement, la femme sera élevée selon les lois de la nature; elle pourra revêtir et conserver toutes les qualités spéciales à son sexe, innocence, modestie, pudeur, grâce, sentimens exquis de dignité et de délicatesse; ses yeux pourront ne se reposer que sur des images suaves et chastes; ses oreilles ne seront point souillées de mots grossiers, d'équivoques impures, d'histoires scandaleuses; elle n'aura aucune idée de séduction, de dépravation, du désordre actuel, de la fange hideuse où tombent de misérables créatures de son sexe; elle n'aura point d'idée de ces choses infâmes, parce qu'elles seront effacées du nouvel ordre social ; sa curiosité ne pourra être excitée par le mystère, parce que dans son éducation il n'y aura pas plus de mystères que de révélations ; tout à l'entour d'elle sera pur et chaste comme son âme même ; tous dans la phalange se feront une loi rigoureuse d'observer une réserve austère en présence de l'enfance et de la jeunesse ; c'est ainsi, que dans ce milieu social diamétralement opposé au nôtre, les jeunes filles et les jeunes hommes conserveront jusqu'au premier amour l'innocence et la candeur des anges ; et lorsque le mariage et la maternité auront dévoilé à la femme les secrets si admirables de la nature, elle n'en restera pas moins pure et chaste comme l'enfant même qu'elle tient sur son sein, réflétant de la sorte le type éternel de toute beauté, de toute poésie, la vierge épouse et mère, dont l'image enivre les âmes, excite les plus vives adorations.

Les jeunes filles et les jeunes garçons s'enrôlent dans les mêmes groupes et séries, sont partout réunis.

Cette confusion même donne une foule de garanties aux mœurs, absolument inconnues parmi nous.

D'abord elle est favorable à l'innocence ; ces jeunes enfans, élevés ensemble, ayant sous les yeux les coutumes les plus sévères touchant la décence et la retenue, ne s'apercevront qu'ils sont de sexe différent, que sous le rapport de la diversité des aptitudes qui se révéleront en eux en face des travaux. Ce ne sera que tardivement que les jeunes hommes témoigneront aux jeunes filles plus d'égards et d'attentions qu'à leurs camarades, lorsqu'ils commenceront à ressentir le charme de leur grâce et de leur faiblesse relative.

Le second avantage, c'est que la surveillance nécessaire à exercer sur les jeunes gens des deux sexes, d'autant plus nécessaire que leur ignorance est plus grande, cette surveillance si pénible, si difficile, si éludée aujourd'hui, s'exerce tout naturellement en association; et là se trouve la garantie la plus certaine de la véracité des relations. Ne perdons pas de vue que l'attraction qui régit les séries, n'est point la confusion, le chaos où chacun tire à soi, et donne libre carrière à ses fantaisies ; mais bien un ordre social qu'il n'est permis à nul de troubler, de déranger. Les jeunes gens des deux sexes ne sont donc point mêlés, confondus au hasard, abandonnés à eux-mêmes. Une règle inflexible préside à toute leur éducation ; cette règle est conforme aux lois naturelles et divines ; elle ressort de l'organisation même de la société, et non point de volontés arbitraires ; mais elle n'en est pas moins une loi obligatoire.

Or, l'organisation des travaux est telle en association, que par une conséquence naturelle, les jeunes gens ne se trouvent jamais entre eux. Du lever au coucher, ils se réunissent et fonctionnent en groupes et séries, qui toujours présentent la gradation ou inégalité des âges et des lumières. Aux champs, dans les ateliers, aux repas, à toutes les réunions, toujours les jeunes gens se trouvent groupés avec des personnes d'âges divers ; non seulement chaque groupe est varié de la sorte, mais encore plusieurs fonctionnent à petites distances, formant les échelons d'une même série ; chacun est toujours sous les yeux de tous ; c'est une surveillance constante, réciproque, qui n'est une charge pour personne, et dont aucun ne s'aperçoit. D'ailleurs, cette surveillance n'est pas la seule garantie : il en est une plus certaine ; c'est la pudeur, la modestie, qui se développent naturellement chez la jeune fille, et, l'entourant comme d'une sainte auréole, forcent l'homme au respect.

Si jamais donc la loi chrétienne touchant le mariage et les mœurs peut recevoir une application absolue, c'est dans une société comme celle que nous venons de décrire, offrant toute garantie à la sainteté des liens de famille ; une société où les jeunes gens élevés dans l'ignorance du mal, n'ayant sous les yeux que des exemples de retenue et de décence, conservent la chasteté d'âme, la pureté d'imagination, jusqu'à l'âge où la nature même donne l'éveil aux passions ; dans une société où tous, hommes et femmes, possédant une existence indépendante, et n'ayant point de soucis pour leur avenir, ni celui de leurs enfans, sont entièrement libres, en s'engageant dans des nœuds indissolubles, de n'écouter que le choix de leur cœur ; dans une société où toutes les heures sont remplies, où les facultés sont constamment exercées, où chacun a devant soi plusieurs carrières ouvertes à son ambition, à son dévouement; où toutes les passions à la fois excitées trouvent par cela même contrepoids, équilibre, de sorte qu'aucun penchant ne peut dominer l'âme entière ; où l'on subit après comme avant le mariage, la surveillance constante de tous sur chacun ; surveillance naturelle, spontanée, ressortant de la constitution sociale, de l'organisation des travaux ; enfin où, tous étant élevés dans le respect et l'amour de l'ordre établi, on se soumet à cet ordre dans ce qui touche aux mœurs, avec le même respect, le même amour, qu'aux autres règles concernant la formation des travaux en groupes et séries :

certes, dis-je, si jamais la loi chrétienne peut recevoir une application rigoureuse, absolue, c'est dans une société organisée de la sorte, où tous les élémens semblent se réunir pour confirmer cette loi, l'étendre, la généraliser au monde entier.

Toutefois, si cette loi n'était que transitoire, et point en accord avec la loi d'attraction qui régit les globes harmonisés; s'il n'était point dans les lois naturelles que chaque femme n'appartînt qu'à un homme, et chaque homme à une femme, ainsi que le voudrait la loi religieuse et civile qui régit la société actuelle; si cette loi rigoureuse n'avait été formulée que pour les temps de lutte, de sacrifices, de transition : ce serait à l'avenir à nous le dévoiler; ce serait aux générations nouvelles, élevées dans le milieu harmonien, à modifier une règle qui ne serait point en accord avec les impulsions naturelles. Pour accomplir cette tâche, les générations harmoniennes posséderont l'amour et la connaissance du vrai, et pourront, dans un accord unanime, manifester leurs vœux. Quant à nous, élevés dans le morcellement, incapables de discerner le vrai, ni de nous harmoniser dans une volonté semblable, notre devoir est l'observance rigoureuse de la loi chrétienne et civile dans l'actualité, et dans les commencemens de l'association, qui seront également une époque de luttes, de déchiremens et de sacrifices.

Dans les premiers chapitres de cet ouvrage, j'ai démontré que la famille et la propriété ont constamment subi des modifications dans le cours des siècles, soit par la force des choses, soit par la volonté arbitraire du législateur. Ce n'est donc point attenter aux lois établies que de prévoir qu'elles pourront se modifier dans un nouvel ordre social, et que nécessairement les lois ou les mœurs devront subir une transformation pour s'harmoniser, puisqu'aujourd'hui elles sont dans un complet désaccord. Ce n'est pas non plus attenter aux lois de l'Église; car non seulement la loi juive, constituant le mariage, fut autre que la loi chrétienne, mais l'Eglise même a souvent modifié ses propres décrets. La loi religieuse, non plus que la loi civile, n'est pas nécessairement inflexible, mais se modifie selon les exigences nouvelles des sociétés. Elle ne peut qu'imposer la soumission à l'ordre établi, et modifier cet ordre, lorsque la voix de Dieu se fait entendre par l'organe des masses, en leur donnant un même vœu, un même désir, un même élan.

Nous disons donc simplement que dans l'état actuel, les mœurs sont en désharmonie complète avec les lois; que par conséquent les relations sociales sont généralement empreintes de fausseté; que nous sommes tous soumis à la contrainte, et que le devoir pénible, difficile, n'est autre chose qu'un perpétuel sacrifice. Nous disons qu'en association, lorsqu'une génération nouvelle, élevée unitairement, se sera substituée à notre génération corrompue, la véracité s'établira dans toutes les relations sociales, et les lois ne pourront manquer de s'harmoniser avec les mœurs;

toutefois, dans notre aveuglement actuel, il nous est impossible d'augurer si ce seront les lois qui se modifieront pour enfanter de nouvelles mœurs, ou bien si ce seront ces dernières qui iront toujours s'épurant, pour s'adapter à la loi chrétienne, comme principe vrai, venant de Dieu, et s'accordant avec les besoins naturels des hommes.

CHAPITRE XII.

RÉGÉNÉRATION DE LA FEMME.

Fourier ne se contente pas de poser un principe aussi simple pour l'avenir, il ne laisse point aux générations futures le soin de formuler de nouvelles lois ; mais il décrit les mœurs harmoniennes, il donne le détail précis des relations nouvelles qui doivent s'établir entre l'homme et la femme, et des usages et coutumes qui les accompagneront. Au sujet de cette partie de l'œuvre de Fourier, nous pourrions dire qu'elle ne tient pas intimement au système sociétaire, et que lui-même ne la donne, si l'on veut, que pour jeu de son imagination, pour relation de voyage fait dans quelque planète ; nous pourrions ajouter qu'il pose comme principe rigoureux de ne rien changer aux lois établies, aux coutumes existantes, dans les commencemens de l'association ; il ne dissimule point que la liberté, en amour, enfanterait subitement les plus grands désordres, et il ne la réclame, il ne la pose en principe que pour les générations futures, lorsque, selon lui, les développemens de la loi sériaire auront enfanté des contre-poids suffisans dans les autres passions, pour qu'on puisse donner libre essor à celle de l'amour.

Fourier n'a pas formulé la loi de l'avenir pour ce qui touche la morale et les mœurs, pas plus que pour ce qui touche la religion. Il ne se pose ni en révélateur ni en prophète : il n'affirme que les lois mathématiques de l'association ; l'attraction et la série appliquées à l'organisation du travail et à tout l'ordre social. Quant aux mœurs de l'avenir, il les donne, ainsi que sa théorie sur la cosmogonie et la transmigration des âmes, comme des probabilités dérivant de l'analogie, mais non point comme des certitudes; il ne demande point qu'on les accepte comme telles, mais réclame la liberté d'inventer des systèmes à l'imitation de tous les philosophes qui l'ont précédé.

L'on pourrait donc, à la rigueur, considérer la théorie des mœurs harmoniennes, comme un thème indifférent en lui-même, et n'ayant pas une relation nécessaire avec la doctrine d'association, et son application immédiate. Mais ce serait à tort. Les mœurs et la condition des femmes, sont un des sujets qui excitent le plus la curiosité dans la théorie de Fourier, et dans tout système social. Surtout, depuis que les saint-simoniens ont traité ces questions, les esprits, vivement excités, sont restés attentifs à toutes les solutions qu'on tente de leur donner. Présentées même comme dubitatives, et ne faisant loi que pour l'avenir, elles ont une immense influence sur le présent. Il est de la plus haute utilité de les éclaircir.

Les saint-simoniens, si hardis, si neufs, si vrais dans la partie critique de leurs doctrines, ont eu le double tort : d'abord, de ne point organiser le travail, comme si à notre époque industrielle, ce n'était point une condition absolue d'existence, et en même temps, la premier élément constitutif d'une nouvelle société ; ensuite, de prétendre promulguer la loi morale et religieuse de l'avenir. Toutefois, quant à la loi morale, ils ne l'ont promulguée que transitoirement, restant dans l'attente de la femme Messie qui devait la confirmer. C'était attribuer réellement à la femme son droit véritable, que l'avenir lui réserve, de révéler au monde sa nature vraie, les besoins de son organisation, ainsi que les relations véridiques qui pourront la faire s'harmoniser complétement avec l'homme, nonobstant, ou, pour mieux dire, à cause même de leurs inégalités et de leurs discords apparens. Malheureusement, les saint-simoniens prétendirent rendre leur pensée tellement palpable et sensible, qu'ils allèrent jusqu'à élever le fauteuil de la papesse ; et, de la sorte, d'une idée grande et sublime, firent une parodie absurde et bouffonne. Franchement, je ne crois pas, aux temps où nous sommes arrivés, que la loi religieuse et morale, ni aujourd'hui, ni dans l'avenir, devienne l'œuvre d'une femme Messie, pas plus que d'un prophète révélateur. Ces phénomènes apparurent aux époques où les peuples étaient plongés dans l'ignorance, et où tout prenait à leurs yeux une apparence surnaturelle. Désormais, les hauts génies, les puissantes intelligences, s'amoindrissent dans les masses, à mesure que ces dernières participent au progrès général ; le révélateur de l'avenir sera le sens commun rectifié, éclairé par le nouveau milieu social, et le libre développement des facultés.

Fourier, en traitant des mœurs harmoniennes dans l'avenir, vrai dans la critique comme les saint-simoniens, si j'ose le dire, s'est peut-être égaré autant qu'eux dans la partie organisatrice. Je ne tenterai point le parallèle de leurs systèmes, ni la critique d'aucun des deux. Dans les résultats, ils se ressemblent et se confondent. Les saint-simoniens donnaient pour frein, pour contre-poids à la liberté dans l'amour, l'autorité toute bienveillante, tout attractive, de leurs prêtres et de leurs prêtresses. Fourier donne pour frein naturel, pour contre-poids, l'essor simultané des passions, l'absorption des unes par les autres, l'équilibre de diverses corporations (*vestales* et *vestels*, *damoiseaux*, *damoiselles*), comprenant les natures plus ou moins réservées, volages et ardentes. Mais en total, les deux doctrines aboutissent au même résultat, qui est le mariage aboli de fait, le désordre des mœurs organisé, la femme perdant son voile saint de pudeur et d'innocence, excitant la convoitise de tous, par la raison qu'elle peut appartenir à chacun.

Effectivement ; au point de vue où nous sommes placés, il ne peut y avoir que deux solutions dans la question des mœurs ; ou bien le mariage selon la loi chrétienne, ou bien un retour vers les mœurs païennes ; c'est-à-dire, la beauté matérielle divinisée, les Aspasies, les Laïs, les Phryné, maîtresses du monde ; la femme prétenduement relevée, émancipée, et qui n'en serait pas moins réduite au rôle hideux de courtisane ; la femme opprimant l'homme tant que dure son règne éphémère, puis opprimée à son tour lorsque sa jeunesse commence à se flétrir ; toutes les jalousies, toutes les haines, toutes les rivalités entretenues, par cette inconstance perpétuelle, et l'essor désordonné de la fantaisie et du caprice, en un mot, la femme et l'homme ne s'harmonisant point, mais toujours ennemis, rivaux, dans un état de fausseté et d'agression, se foulant aux pieds tour-à-tour au plus grand détriment du sexe le plus faible ; et enfin, tous les vices, tous les désordres découlant, comme aujourd'hui, de la dégradation de la femme, qui doit perdre ou sauver le monde à toutes les phases sociales.

Toutefois, je me hâte de le dire, ce désordre, cette désharmonie, ne sauraient naître des lois d'association posées par Fourier, de la loi sériaire appliquée à l'organisation sociale. L'ordre et la justice doivent nécessairement ressortir de ce nouveau milieu ; toute la théorie de Fourier touchant les contrepoids et les équilibres donnés aux passions par la loi sériaire, toute cette partie est admirable. Je ne récuse Fourier que dans les conséquences qu'il tire de cette loi. Qu'il accorde à la femme comme à l'homme le développement complet de son être et le libre essor des passions, c'est d'une logique rigoureuse en partant du principe de liberté ; mais comment la femme, comment l'homme useront-ils de cette liberté ? voilà ce que Fourier n'a pu dire lui-même qu'au point de vue civilisé, en prenant les femmes telles qu'elles se montrent pour la plupart, démoralisées, dégradées, échappant par la fraude et le désordre à toutes les tyrannies qui les oppriment. Le désordre actuel des mœurs, les passions subversives, tiennent précisément à toutes les iniquités sociales. Effacez ces iniquités et restez attentifs à la direction que la femme saura imprimer aux mœurs dans un ordre de choses où la vérité et la liberté deviendront son apanage. Comment pourriez-vous le découvrir, même avec l'œil du génie, dans un état social où toujours elle a été esclave, où jamais elle n'a pu être vraie, où jamais l'homme n'a été initié dans le secret de ses souffrances, de ses vœux, de ses désirs ?

Non, moi femme, moi qui m'incline devant le génie immense de Fourier, moi qui poursuis ardemment la réalisation de sa doctrine, et qui ne vois qu'en elle le salut des sociétés et la régénération de la femme ; — je proteste contre la partie de cette doctrine qui traite des mœurs harmoniennes, je proteste au nom de toutes les femmes ; — et je suis certaine qu'aucune ne viendra me démentir, et que toutes m'approuveront pleinement dans leur cœur.

De cette protestation, il ne s'ensuit pas que je considère la loi chrétienne comme devant gouverner l'avenir, exclusivement à la loi païenne. Je n'en sais rien ; j'aurais un système à ce sujet, que je me garderais de l'émettre; car je les regarde tous comme également arbitraires, lorsque, perdant de vue la loi immuable des transitions, l'on prétend découvrir les conséquences précises d'un ordre de choses qui n'existe pas encore. Jésus-Christ ne l'a pas fait; il a posé des lois générales; il les a appliquées aux époques transitoires de luttes et de déchiremens; mais il n'a point révélé l'organisation des sociétés à venir. Ce qui constitue même le cachet divin du génie de Fourier, ce qui le marque au front de l'oint du Seigneur, c'est que sa doctrine, dans les principes essentiels, s'applique à tous les besoins de l'époque, s'empare de tout ce qui est, pour tout transformer successivement par transitions et gradations. Loin de nous donc les innovations brusques et intempestives, dans le domaine moral et religieux; ce sont ces systèmes heurtés et en dehors du vrai, en dehors de la logique rigoureuse, qui nuisent à la sainte cause de l'humanité, et qui, jusqu'aujourd'hui, ont fait avorter les efforts des hommes généreux en faveur des masses souffrantes et opprimées.

Tout ce qu'on peut augurer de l'avenir, c'est que les relations des sexes, le mariage, la famille, les mœurs, devront toujours dériver d'un principe religieux, et s'accorder avec un culte. L'on doit croire qu'elles subiront les modifications de la loi religieuse; car la famille ne saurait se constituer sans le mariage, et le mariage ne saurait exister sans une cérémonie religieuse qui le consacre, sans un Dieu qu'on prenne à témoin de ses engagemens. Quoi! dira-t-on, des engagemens dans un système social où l'attraction sera notre seul guide! Oui, parce que c'est encore un besoin de nos âmes. Nous aimons à nous lier, à nous engager, à nous fortifier contre notre propre faiblesse, notre propre inconstance. Nous avons besoin de donner des témoignages extérieurs d'un sentiment qui nous anime; nous avons besoin de communier avec Dieu, et de le faire participer à tous les actes solennels de la vie.

Je le répète donc, le plus grand obstacle à la réalisation des principes de Fourier, ce sont les doutes, les appréhensions vagues que jette dans les esprits la théorie des mœurs harmoniennes. Vainement on prétendra qu'elles sont réservées exclusivement à l'avenir; si leur description en donne le désir dans l'actualité, l'on en cherchera bientôt une application immédiate; bientôt on posera le principe de liberté dans les amours, avec de grands mots sur l'oppression de la femme, la tyrannie du devoir, l'absurdité du mariage; tous les désordres naîtront de ce dévergondage d'esprit, désordres qui existent de fait dans l'actualité, mais avec le frein du remords et de la honte; tandis que, naissant de l'application d'un faux système, ils s'étaleraient avec impudeur, sans aucune retenue dans leurs hideux excès.

Or, aussitôt que le désordre des mœurs serait introduit dans la phalange, elle ne pourrait subsister; d'abord, parce que la civilisation n'en supporterait point le spectacle, et emploierait les moyens coërcitifs pour la détruire ; ensuite, parce que la phalange croulerait par le désordre même. Il est aisé de se figurer que dans les premiers temps de l'association, lorsqu'elle ne fera que jeter les bases du ménage sociétaire et de l'organisation des travaux, le contact plus fréquent et plus rapproché des sexes, menacera d'enfanter plus d'intrigues et d'unions illicites que dans l'état actuel ; par la même raison, les médisances, calomnies, rivalités, jalousies, haines, éclateraient avec plus de fureur ; les travaux s'en ressentiraient nécessairement : au bout de peu de temps, la phalange n'offrirait que troubles, anarchie telle, que les sociétaires pourraient en venir à regretter le ménage morcelé, où du moins des murs épais nous séparent de nos voisins, où les basses intrigues, les amours illicites se glissent à la sourdine, où les jalousies couvent tout doucement, et n'éclatent que par détours.

Or, quels sont les contrepoids que Fourier

établit aux passions subversives chez la première génération phalanstérienne ? Fourier n'en établit point de suffisans, car toujours il perd de vue le moment si difficile de la transition ; il raisonne comme si tous les vices allaient immédiatement disparaître, et l'attraction régner en souveraine. Dans sa théorie, il existe d'autant moins de frein, qu'il écarte toute idée du devoir, du sacrifice, de l'abnégation, de la puissance de l'élément spirituel, de la force de la volonté ; qu'importe alors qu'il déclare que la licence en amour ne soit pas immédiatement admissible en association ? qu'importe surtout cette déclaration, lorsqu'il pose en principe que cette licence, en accord avec la loi d'attraction, est une conséquence du nouvel ordre social ? L'on connaît assez la pente de l'esprit humain, pour prévoir que ceux qui embrasseraient dans sa totalité la doctrine qui flatte et caresse les passions actuelles, chercheraient immédiatement dans la pratique à la conduire à ses dernières conséquences, ce qui équivaut, dans toutes les doctrines non transitoires, à se jeter dans le dernier degré d'absurdité et d'aberration.

C'est à cause de ces difficultés, que l'on doit comprendre combien il est impossible d'établir la phalange sans un plan précis d'organisation, sans un choix judicieux de sociétaires, sans une direction morale qui réprime immédiatement tout scandale, toute atteinte portée à l'ordre et aux mœurs. Cette direction morale appartiendra surtout aux femmes. Les femmes tout naturellement se trouveront régulatrices du bon ordre et des mœurs dans la phalange. C'est une question tout-à-fait de leur ressort, et qui dépend d'elles exclusivement. Les femmes font les mœurs; cette assertion se trouvera vraie surtout dans l'état sociétaire; car, là seulement, elles seront libres d'établir les relations véridiques, et d'être telles que Dieu et la nature ont voulu qu'elles soient. Si l'éducation unitaire pouvait s'implanter dans notre monde corrompu, et préparer un nouveau milieu social par une génération élevée dans le développement libre de ses facultés, toutes ces questions se trouveraient immédiatement résolues par la seule impulsion de la nature, d'accord avec la loi sériaire; mais il faut au contraire créer d'abord le milieu social, pour en faire découler l'unité d'éducation. Les femmes y apporteront comme les hommes leurs erreurs, leurs préjugés sur toutes choses et sur elles-mêmes; elles seront sujettes à s'égarer bien plus par une raison fausse et des illusions décevantes que par l'entraînement de la passion; elles risqueront plutôt de faiblir devant les sophismes que par l'attrait d'un penchant subversif. Et cependant, si elles ne donnent l'exemple, si elles ne se montrent fortes, courageuses, capables de dévouement, d'abnégation, de sacrifices, convaincues que la véracité et la pureté des mœurs peuvent seules assurer l'avenir du système sociétaire; si elles ne comprennent qu'elles ont dans les mains les destinées du monde, et qu'elles peuvent définitivement le sauver ou retarder son salut durant des siècles; — si elles ne se mettent en devoir de remplir cette tâche immense, — tous les efforts échoueront pour entrer dans le nouvel état social; ce phare lumineux ira toujours s'éloignant de nos regards à mesure que nous croirons approcher des rivages merveilleux qu'il nous découvre, et conduits de la sorte de déceptions en déceptions, nous finirons par douter des vérités immortelles révélées par Fourier, des destinées humanitaires, et de l'existence même de Dieu.

Et je ne cesserai de répéter aux partisans de Fourier qui se récrieront sur la nécessité du devoir et du sacrifice dans une société régie par l'attraction, que le devoir et le sacrifice sont des besoins éternels de notre âme, et qu'ils apportent avec eux la plus pure des jouissances morales, lorsqu'on en comprend l'utilité et le bienfait. J'ajouterai que, par une loi éternelle de la nature, ils sont nécessaires à toute époque de transition, où l'humanité dans l'enfantement d'une ère nouvelle, doit se sentir travaillée et déchirée par de laborieux efforts. Je dirai même que jamais époque transitoire dans l'histoire des âges, ne fut marquée par de plus cruels combats que l'époque actuelle; et que lorsqu'on considère les élémens de décomposition qui s'amassent dans son sein, en même temps que de régénération, l'on en vient à craindre que si l'humanité ne se rachète par quelque puissant dévouement, elle n'ait à laver ses souillures, ses lâchetés, et ses turpitudes, dans des torrens de sang, et un cataclysme général, qui lui rendent forcément vigueur et énergie, et la fassent digne d'une destinée meilleure.

Toute tradition antique, enracinée dans les croyances religieuses, découle d'une loi éternelle des choses; telle est la tradition du sacrifice qui depuis quatre mille ans, a dominé tous les progrès, toutes les modifications sociales. Chaque vérité a compté ses martyrs; chaque peuple a reçu son baptême de sang; le monde a marché dans les déchiremens et les tortures; des nations entières ont été offertes en holocauste, ou bien quelques hommes et quelques femmes magnanimes se sont volontairemens sacrifiés pour tous. Cette loi continue à s'accomplir sous nos yeux; la Pologne est étendue palpitante, victime expiatoire de ses fautes et de celles du monde; l'Italie présente le spectacle d'une vierge meurtrie sous le bras d'un barbare, et qui vainement cherche à secouer sa féroce étreinte; chaque effort lui enlève des lambeaux de chair, en la replaçant sous un joug plus étroit. La Grèce, après des siècles d'esclavage et d'abrutissement ne sait plus renaître à la liberté et aux lumières; l'Asie entière est comme un cadavre; les trois quarts de l'Afrique n'ont jamais reçu vie ; l'Amérique dépeuplée pas le fer des conquérans, continue, sauf un coin favorisé, à s'agiter sur toute sa surface dans des mouvemens convulsifs, tandis que la terre déchirée intérieurement, dans ses éruptions volcaniques, achève de porter le trouble et la désolation dans ces malheureuses contrées. Et c'est lorsque le monde entier est encore en proie à tous les maux, à toutes les douleurs; lorsque chaque jour offre le spectacle de nouveaux sacrifices, de nouvelles expiations, lorsque chaque jour il se rachète et se régénère dans les tortures et dans le sang ; — que l'on croit pouvoir, sans transition, sans sacrifices nouveaux, par la seule révélation des destinées ultérieures de l'humanité, — faire naître immédiatement un état social où tous les maux soient effacés, où l'attraction soit obéie, où tous n'aient qu'à se laisser aller à leurs impulsions et leurs penchans, où le devoir, le sacrifice, l'abnégation disparaissent en même temps que les circonstances difficiles qui aujourd'hui les nécessitent ; — non, ces illusions sont funestes ; car, si d'une part, je crois fermement au magnifiques système des phases ou séries humanitaires, qui, de transition en transition, par un mouvement toujours gradué, conduiront l'humanité à l'apogée du bonheur ; je crois, d'autre part, que jamais, à aucune époque, l'humanité ne fut plus souffrante, et n'eut besoin de plus d'efforts, de plus de vertus, pour s'élancer et parvenir, non pas d'un seul bond, mais par élans successifs, à l'état d'harmonie annoncé par Fourier, dont l'initiation, comme toutes celles du passé, demandera ses victimes, comptera ses holocaustes, et ne soulevera que lentement le voile qui nous dérobe les merveilles de l'avenir.

La femme surtout a été victime et martyre dans l'histoire de l'humanité. Quelle que soit la cause à laquelle on rattache l'état d'infériorité, de dégradation et d'oppression de la femme vis-à-vis de l'homme, qu'on l'explique par le dogme chrétien ou par la loi sériaire, qui, d'ailleurs, ne s'excluent point, mais se confirment, toujours est-il que le fait d'infériorité et d'oppression est incontestable pour la femme dans tous les états sociaux par lesquels elle a passé jusqu'à ce jour. Dans l'état sauvage, chez les Samoïèdes, nous la voyons, considérée comme un être immonde, devoir purifier les objets qu'elle touche. Chez quelques peuplades d'Amérique, son sort était si affreux, que des mères mettaient à mort leurs enfans, lorsqu'ils étaient du sexe le plus faible, pour les préserver du malheur de vivre. Chez tous les peuples anciens, la femme est regardée comme *chose*, comme faisant partie de l'immeuble, de la propriété, et elle est traitée en raison de son degré d'utilité. Chez les barbares, forcée de partager leurs travaux grossiers, elle reste comparativement inférieure en force et en courage. La loi chrétienne réintégra les femmes dans leurs droits naturels et divins; mais, pendant des siècles, les préjuges eurent tant de force, qu'un concile examina sérieusement si les femmes avaient une âme, et si elles étaient, comme l'homme, animées du souffle de Dieu. Durant les guerres perpétuelles et atroces qui déchirèrent le monde ancien et le monde moderne, les femmes surtout furent victimes; nulle part elles ne trouvaient de refuge; leurs affections, leurs liens de famille étaient constamment brisés; toujours exposées aux vicissitudes des guerres, elles faisaient partie du butin, subissaient des traitemens infâmes, étaient envoyées sur les marchés pour y être vendues comme un vil bétail. Aujourd'hui même, ces horreurs se passent encore dans toutes les parties du monde, et même dans les pays chrétiens, où l'esclavage subsiste sous diverses formes, la Russie, les États-Unis, etc. Dans les pays où les femmes paraissent jouir de leurs droits, tels que la France et l'Angleterre, nous avons démontré combien elles sont encore assujéties, combien elles sont dégradées. Or, le préjugé de leur infériorité de nature continue à subsister par le fait de leur dégradation. Tant que ce fait existera, la femme ne pourra s'associer, s'harmoniser complétement avec l'homme; ses droits naturels ne seront point reconnus; l'éducation unitaire ne pourra se réaliser; les préjugés existeront, formant un obstacle invincible au règne de la vérité.

Or, en quoi consiste la dégradation de la femme? Elle consiste précisément dans la sujétion où elle s'est trouvée vis-à-vis de l'homme; sujétion qui, dans l'état d'esclavage, lui fait subir et recevoir comme faveur les marques d'amour que son maître veut bien lui accorder. Dans toute l'antiquité, sous la loi juive et sous la loi païenne, et aujourd'hui encore, chez les Orientaux, on voit l'épouse regarder son époux comme son seigneur et maître ; on voit les esclaves ou concubines solliciter un regard, s'humilier devant un geste ; on voit la jeune fille livrée comme une marchandise à son époux ; on voit ce dernier avoir droit, sur de légers prétextes, de la châtier et de la répudier. Sauf exception, ce fait est général chez tous les peuples, en dehors de la loi chrétienne, et il se perpétua durant des siècles chez les barbares qui envahirent l'Europe, même après qu'ils eurent embrassé la religion du Christ. Ce fait découle nécessairement des mœurs primitives qui soumirent la femme à la force brutale, et ne lui laissèrent de défense que la séduction, la ruse, le mensonge ; elle dut flatter les passions sensuelles du maître qu'elle haïssait, et même le trahir pour occuper son oisiveté, aiguiser son esprit, chercher un dédommagement à son servage. Elle dut chercher à l'amollir, à l'énerver, à lui ôter sa force, par ces mêmes corruptions auxquelles il l'asservissait arbitrairement. D'autre part, l'homme ne dut voir dans la femme qu'un instrument de volupté, un être faible, rusé, capricieux, fait pour l'esclavage ; qui n'obéit qu'à la contrainte, dont les semblans d'amour sont pleins de perfidie ; dont la fidélité est toujours suspecte, et dont on ne peut s'assurer qu'à force de surveillance, de gardiens, et d'entraves. Dans ces mêmes temps, les philosophes et les moralistes ont dû attribuer à l'influence pernicieuse des femmes toutes les corruptions du luxe qui, par des chemins de fleurs conduisent les nations à leur ruine.

Aujourd'hui, nulle part les traces d'esclavage pour la femme ne sont détruites ; si dans quelques pays, elle a acquis des libertés de droit, elle ne les possède point de fait ; toujours elle se vend, elle se donne contre son inclination, toujours elle doit user de ruse, de contrainte, de mensonge ; toujours elle échappe à l'esclavage pour se jeter dans le désordre ; toujours elle rend corruption pour corruption; c'est ainsi qu'elle continue à se dégrader, et que par une conséquence nécessaire, son caractère primitif, sa destination véritable restent inconnus ; les préjugés les plus grossiers subsistent à son égard, même chez ses défenseurs, ceux qui proclament son égalité de droit avec l'homme, et qui, le plus souvent, ne savent que la blesser, la faire rougir, l'humilier.

On s'imagine, par suite de l'esclavage et de l'oppression, qui jusqu'à ce jour ont été à divers degrés la destinée fatale de la femme, que pour elle la liberté, l'émancipation serait de continuer librement, effrontément, cette vie de licence à laquelle la majorité de son sexe fut contrainte, condamnée à toutes les époques. L'on s'imagine qu'elle s'empresserait d'abdiquer les qualités spéciales à son sexe pour singer les qualités viriles des hommes, qu'elle se dépouillerait volontairement de son voile pudique pour se revêtir des formes masculines, et réaliser de la sorte un être sans nom, sans caractère distinctif, toujours imitateur, subalterne, et plus que jamais dédaigné et foulé aux pieds.

C'est dans le sens de ce préjugé, que des controverses s'agitent sans fin sur une prétendue émancipation des femmes, et que les novateurs ou prophètes d'avenir, qui embrassent sa cause, ne trouvent rien de mieux à lui offrir que la licence amoureuse, c'est-à-dire la continuation de l'état abject où elle a vécu jusqu'aujourd'hui.

Voici quelques vérités dont il est essentiel que toutes les femmes se pénètrent.

Dans l'échelle humaine, les êtres sont divers, mais égaux, et se complètent les uns les autres. L'homme et la femme offrent essentiellement cette diversité qui conduit à l'harmonie. L'homme a la force. La femme a la grâce et la beauté; souvent on l'a dit; mais elle possède une séduction plus puissante, plus générale, plus inhérente à sa nature, et qui rétablit l'équilibre entre la force de l'homme et sa faiblesse. Elle possède le sentiment instinctif de pudeur et de chasteté, qui spécialise son sexe, et la porte à résister spontanément à l'amour qu'elle inspire, et qu'elle-même ressent. Ce voile chaste et pudique qui orne encore la femme épouse et mère, forme son charme le plus attrayant, et base son empire. C'est le bouclier naturel que la nature donna à la femme pour se préserver d'abord, s'en entourer comme d'une barrière inviolable, puis en faire son piédestal et y trôner. Nonobstant la subversion des sentimens naturels, nous voyons chaque jour les hommes les plus durs, les plus farouches, s'attendrir, s'amollir, à l'aspect d'une jeune fille candide; leur geste devient respectueux; ils craignent de la blesser du regard; ils cherchent les inflexions de voix les plus douces pour lui parler. Toute femme chaste s'attire naturellement les respects des hommes même corrompus. Au contraire, celle dont la légèreté de conduite est connue, et dont chacun a droit de tout espérer, voudra vainement imposer le décorum, forcer à des semblans de respect; tout dans la voix, dans le regard, dans le geste de ce qui l'approche, trahit un dédain secret, quelque chose de brutal et d'insolent. Celui qui aura le malheur d'aimer cette femme d'un amour vrai, se sentira en même temps saisi de fureur et de rage ; il aura en jalousie le genre humain ; sa passion sera une sorte de frénésie qui aspire à un bien impossible, car ce qu'il voudrait réunir à toutes les grâces, à toutes les beautés de cette femme, ce seraient la chasteté et la pudeur, perdues irrévocablement dans des mœurs perverties, dans une âme gangrénée.

Quel est l'idéal, le rêve de toutes les âmes poëtiques ? Une jeune fille pure comme les anges, dont aucun souffle n'a terni la candeur, naïve, innocente, qui ignore le mal, et sent son cœur palpiter d'amour sans se rendre compte de ces sensations toutes nouvelles. Même les hommes vicieux considèrent l'innocence et la pureté comme le trésor le plus précieux chez les femmes. Le sentiment de jalousie inséparable de l'amour, et qui engendre toutes les fureurs et tous les crimes, prouve combien sont inappréciables aux yeux des hommes, les garanties de fidélité chez celle qu'ils aiment. Or, la seule garantie, c'est qu'elle-même, en sa conscience, reconnaisse la constance et la fidélité comme devoirs et comme vertus. Enfin, n'est-ce pas un fait irrécusable que l'amour s'alimente par la résistance, et s'éteint dans la possession, que rien ne reste de ce feu si vif et si passager, s'il ne se transforme en une affection plus douce, plus intense, qui ne prend guère sa racine que dans les liens de famille, dans les habitudes du foyer domestique, dans les jouissances infinies de la paternité et de la maternité. Quelque état de société que l'on se figure, du moment que la femme consentirait à subir les caprices et les fantaisies passagères de l'homme, à être prise, quittée, délaissée, du moment qu'elle accepterait toutes les conséquences de son humeur volage, même en se gardant le droit de réciprocité elle tomberait au dernier degré d'abaissement et d'humiliations; car, ce n'est pas un préjugé, mais bien une loi éternelle de la nature, qui fait que la femme perd tout son charme et tout son prix en se dépouillant du voile saint de sa pudeur, et qu'elle n'est plus même capable de désarmer la force brutale. Si l'on pouvait se figurer les relations entre l'homme et la femme devenues entièrement libres, ainsi que le prétendent les novateurs, le désir subsisterait plus fougueux au cœur des hommes, mais l'amour cesserait totalement d'exister, et, quels que fussent les droits de la femme devant la loi, de fait elle serait opprimée; ou, pour mieux dire, elle deviendrait un objet de discordes et de combats, où la force brutale se la disputerait et la déchirerait comme une proie; ainsi qu'on le voyait dans les villes prises d'assaut, où les femmes formant partie du butin, n'étaient plus considérées que comme une chose matérielle, une richesse commune.

L'amour est le piédestal de la femme; il fait sa force et sa puissance; il établit son empire sur l'homme, mais à la condition d'unir étroitement le lien spirituel au lien matériel; à la condition que le lien spirituel domine surtout chez la femme, ainsi que le veut bien manifestement la diversité des natures. La puissance que la femme peut acquérir par l'amour est telle, qu'il y aurait à craindre, dans une société où les femmes, indépendantes par leur position, s'entendraient pour faire prédominer presque exclusivement le lien spirituel, que l'homme à son tour ne fût victime, ne se laissât fouler aux pieds, et ne tombât dans l'esclavage. Ce fait a même pu avoir lieu dans des sociétés exceptionnelles et factices, où les femmes s'étaient insurgées et réunies dans un sentiment commun de haine contre leurs oppresseurs, ainsi qu'on le raconte des amazones et d'autres peuplades; toutefois, il ne saurait se renouveler dans un milieu social, basé sur les lois naturelles, où les femmes sauront à la fois se garer de la licence et de la pruderie, céderont à la tendresse de cœur, lorsque ce ne sera point à l'entraînement des sens, et se donneront comme récompense aux belles actions.

Dans le milieu vicieux qui nous environne et nous comprime, savons-nous même ce que deviendra l'amour, quelles transformations il subira au milieu d'institutions diamétralement opposées à celles qui nous régissent? L'amour est le plus précieux don du ciel; il est général chez toutes les créatures, il anime la terre entière, il maîtrise à la fois toutes les facultés, il colore, il enchante, poétise la création, la rend plus belle par le reflet magique dont l'empreint une âme amoureuse. L'amour est certainement quelque chose de céleste, qui vient directement de Dieu, et fait participer l'homme à son essence éternelle. N'est-ce point l'amour seul qui parcourt tout notre être comme une flamme vivifiante, et nous donne une intuition des joies du ciel et de l'infini? Une déception en amour, n'est-ce pas comme nous précipiter du ciel en enfer, flétrir à nos yeux tous les objets qui existent, nous isoler de Dieu, nous mettre au cœur la mort et le néant? L'amour, c'est une compréhension toute nouvelle de la vie, c'est la foi et l'espérance en l'auteur suprême des choses, c'est un sentiment ineffable de charité pour toutes les créatures, c'est l'enthousiasme du bon et du beau, c'est l'aptitude au bonheur, c'est la vie même qui s'harmonise et se complète. L'amour est le seul état de l'âme où nous soyons inaccessibles à l'ennui, au marasme, au découragement, au doute; par l'amour, nous pouvons nous figurer un état de joie et d'ivresse perpétuelle, où le ciel soit véritablement transporté sur terre, où les merveilles infinies de la création se déroulent incessamment à nos yeux, tandis que les anges font résonner sur des harpes d'or les louanges de Dieu, en hymnes éternelles.

Dans une société subversive, il n'en est pas de la sorte; l'amour reste le plus grand mystère du cœur humain, et le plus étrange phénomène, car il ne fait entrevoir des joies infinies que pour précipiter dans un gouffre de douleurs. Nul sentiment ne nous fait plus sentir les infirmités de notre nature et les vices du monde social. Ou bien, il se nourrit d'obstacles contre lesquels il se brise de désespoir, ou il languit et s'éteint dans la quiétude du bonheur. Il tient le cœur dans une anxiété perpétuelle, dans un flux et reflux des sentimens les plus contradictoires; il enfante les mouvemens furieux de la jalousie, de la haine, de la vengeance; et jamais il ne laisse en repos, car le repos pour l'amour, c'est de cesser d'exister; le calme qui succède n'est qu'apathie, langueur, dégoût, plus fatigans que les orages de la passion; l'on vient à regretter ce qu'on a souffert, et l'on se reprend bientôt à de nouvelles douleurs et de nouveaux amours.

La femme surtout est victime de ce sentiment divin et mortel qui réunit des félicités ineffables aux peines les plus terribles. Elle doit aimer et souffrir en silence. L'amour est pour elle une sorte de honte; il devient un ridicule s'il n'est payé de retour, une flétrissure, si elle succombe hors le mariage. Dès le berceau, on élève la femme dans des pensers d'amour; il s'offre à elle de toutes parts sous les formes les plus séduisantes, il maîtrise son esprit, il remplit son âme avant même qu'elle ait trouvé un objet à aimer. Et cependant, nos mœurs sont si confuses, si contradictoires, il est si rare qu'une femme puisse épouser l'homme de son choix ; si difficile que deux êtres élevés dans un système diamétralement contraire puissent s'entendre et sympathiser ; le besoin de changement d'ailleurs est si naturel dans notre société comme elle est faite, où toutes choses portent avec elles l'ennui, la monotonie, le dégoût ; toutes les déceptions en amour retombent de telle sorte sur la femme, que cette passion aujourd'hui ne peut guère être pour elle qu'un sujet de crainte, de combats, de honte, de trouble, et de remords. A moins d'une grande piété, ou d'une instruction solide, ou de l'amour maternel, qui puissent contrebalancer l'influence de l'amour, toute femme y consume misérablement sa vie et ses facultés, lorsque sa destinée entière ne s'y trouve pas brisée ou flétrie ; toute femme souffre, par ce sentiment, en proportion de ce que son âme renferme de puissance d'aimer, de se dévouer, de s'enthousiasmer. L'amour, trône et piédestal de la femme, aujourd'hui n'engendre que son esclavage; il lui fait sacrifier pudeur, dignité, fierté; il l'avilit, la dénature, lui fait subir les plus terribles douleurs et les plus tristes humiliations.

Les novateurs proclament la nécessité du changement, de l'inconstance. Le besoin de variété est certes dans toute la nature. Tous, nous l'éprouvons dans nos travaux, dans nos plaisirs; l'esprit en a besoin comme le corps. Mais y a-t-il de même nécessité de variété, de changement pour le cœur, pour les affections? Une affection vraie ne devient-elle pas plus vive, plus intense par sa continuité; on ne se lasse point d'aimer son ami, son père, sa mère, son enfant; on les aime d'autant plus qu'on vit avec eux dans une intimité plus complète et que l'habitude fortifie le sentiment. L'amour fait-il seul exception? Non, il ne la fait point. On voit les hommes les plus volages avoir besoin de se fixer dans une affection unique ; ceux qui auront le plus déclamé contre les liens du mariage, se laisseront dominer et captiver par quelque maîtresse adroite; ils se chargeront de liens bien plus pesans que ceux qu'ils ont voulu éviter. Dans la classe la plus abjecte, les dernières des femmes ont un amant qu'elles aiment de cœur, et dont elles supportent les coups et les outrages (1), tant le besoin d'un lien, d'une affection constante, est dans la nature. Enfin, dans le mariage, lorsque l'amour a été basé sur des convenances naturelles, l'affection qui survit et se perpétue jusque dans la vieillesse, ce lien qui unit deux êtres durant de longues années, dans leurs peines et leurs joies, qui les fait revivre confondus dans leurs enfans; ce lien, le plus puissant qui existe, donne à toute la vie un calme, un bien-être, une quiétude, une fraîcheur de souvenirs, une douceur d'espérances, qu'aucune expression ne

---

(1) Parent-Duchâtelet.

saurait rendre, et qu'aucun bien ne saurait remplacer.

L'inconstance en amour ne dérive-t-elle pas uniquement du lien matériel, sorte de magnétisme, phénomène inexplicable dans l'état de morcellement, et dont il est peut-être réservé à la science de nous dévoiler les lois naturelles en association? Quel spectacle plus déplorable et plus flétrissant pour l'humanité, que celui de la fragilité des sentimens! Jetons un regard sur l'inconstance telle qu'elle se manifeste dans l'état actuel. C'est par elle que nous voyons fouler aux pieds ce qu'on adora, outrager l'idole qu'on déifia, briser le cœur où l'on chercha refuge, dédaigner qui vous implore, haïr qui vous aime, renier tout le passé, par la seule raison qu'on est autre, qu'on a changé. L'inconstance en amour semble tout permettre; le mensonge, la trahison, l'ingratitude, de même que la passion a semblé tout justifier. Je n'aime plus, j'aime ailleurs, sont des motifs suffisans pour commettre toutes les lâchetés, toutes les perfidies. D'autre part, l'amour n'est pas toujours réciproque ; on aime qui ne vous aime pas, et c'est encore là une de ses bizarreries qui enfante mille tortures. Enfin, l'on ne peut nier que le charme de l'amour ne consiste surtout dans l'illusion que l'on se fait de sa durée éternelle. Lorsque cette illusion est détruite, et que deux amans ne croient pas à la durée du sentiment qui les unit, ce lien passager mérite-t-il le nom d'amour? Non, le cœur est fané, l'imagination est flétrie ; l'esprit qui dissèque, analyse et décolore, reste seul. L'on est encore désireux de l'amour, mais on n'est plus capable de le ressentir; toute la création est dépoétisée, l'on assiste à l'agonie de ses propres sentimens. C'est un résultat infaillible de l'inconstance en amour. La faculté d'aimer et de croire s'use, et lorsqu'elle est tout-à-fait éteinte dans l'âme, il n'y reste que poussière et pourriture.

On l'oublie trop dans les théories de licence amoureuse ; on oublie que le feu de l'amour s'épuise par lui-même, emportant la sève de l'existence; on oublie que l'inconstance en amour enfante plus de maux que la compression; et cela, non point seulement par les vices du milieu social, mais parce qu'il est dans la nature même des choses, que l'amour aille, vienne, s'attache et se rebute, sans motif ni raison, et que moins il ait de frein, plus il soit cruel, plus il brise les cœurs par ses dédains et ses changemens capricieux.

Fourier donne pour contre-poids aux mécomptes amoureux, à l'amour déçu, à l'amour dédaigné, la corporation des baïadères, et des bacchantes ! *Des bacchantes !* Comment Fourier a-t-il pu les introduire dans une théorie qui prend pour base les lois naturelles et divines ? Les bacchantes existèrent de tous temps; à toutes les époques elles furent la honte et la lèpre des sociétés, en même temps que leur châtiment; une des causes actives de leur ruine et de leur dissolution. Les perpétuer, ce n'est point innover, mais bien perpétuer le vice, la cause la plus puissante de la dégradation de la femme, et de la démoralisation générale. C'est introduire une classe de femmes qui seraient traitées en parias, et foulées aux pieds par les deux sexes, ou bien qui domineraient les mœurs comme dans l'ancienne Grèce ; et, en tous cas, détruiraient l'équilibre, les contre-poids sociaux, tant recherchés par Fourier, et si méconnus dans cette partie de la théorie.

Non, si nous considérons le rôle qu'a joué l'amour dans toutes les phases sociales, nous ne pourrons, au spectacle des douleurs, des maux et des crimes qu'il engendre, imaginer d'autres contre-poids que les sentimens exquis de pudeur, de chasteté, de dignité, innés chez toutes les femmes, énergiques en proportion même de la force des passions, et qui les élèvent, les déifient aux yeux des hommes, en basant leur véritable empire. Tout autre frein serait contrainte, et se verrait éludé par la passion ; tout autre contre-poids serait subversif, et engendrerait la séparation des classes et le désordre. Voilà tout ce que nous pouvons affirmer de notre point de vue actuel.

Ce sera aux générations élevées dans le nouveau milieu, à modifier les institutions, et les mettre toujours plus en rapport avec les penchans vrais du cœur humain.

D'ailleurs, dès les commencemens de l'association, les femmes, participant à tous les travaux et à tous les intérêts de la phalange, trouveront une puissante diversion aux pensées futiles, et aux penchans désordonnés. Aujourd'hui, c'est l'oisiveté et l'ennui, qui les accablent, les livrent sans défense aux séductions du monde, sont cause de leurs plus tristes égaremens. Dans la commune, leur vie devient active; elles s'adonnent à des occupations variées, elles embrassent les intérêts des groupes et séries, elles sont appelées à discuter et à voter sur tous les intérêts généraux, elles se sentent faire partie du corps social, elles ont conscience d'être utiles et nécessaires à la chose publique.

Le sentiment du devoir s'en exalte chez elles; elles comprennent la grandeur de leur mission, et puisent une double force pour repousser tout sentiment désordonné, d'abord dans l'enthousiasme, et ensuite dans l'ardeur même qu'elles portent aux travaux, et qui leur permet d'absorber un intérêt par d'autres intérêts, une passion par d'autres passions.

Le devoir sera pénible et difficile à la plupart, parce que presque toutes ont souffert de la contrainte, ont eu le cœur brisé de quelque manière, ont rêvé quelque autre bonheur que le sort qui leur est échu. Mais elles sauront sacrifier ces pensées vaines, ces désirs vagues à la sublimité du but qu'elles veulent atteindre; elles ne perdront jamais de vue qu'il leur appartient de rendre à la femme sa pureté, sa dignité, de soulager tous les malheureux, de tendre la main aux petits enfans, d'émanciper les classes opprimées, de donner au monde le bonheur et l'harmonie. Elles trouveront force et courage dans ces grandes pensées; elles sauront résister aux sophismes, aux séductions, à leurs propres penchans; elles sauront donner au monde le premier et magnifique exemple de l'application libre et rigoureuse des lois morales, même en désaccord avec le penchant du cœur et l'impulsion de la nature. D'ailleurs, leurs efforts, leurs sacrifices, trouveront une immédiate récompense dans l'estime générale. Rien n'est si prisé, même dans le monde actuel, que la modestie et la bonne conduite chez les femmes, lorsqu'elles ne consistent point en simagrées et hypocrisie, mais qu'elles dérivent d'un sentiment profond des devoirs. Les mères surtout jouiront dans leurs enfans, et se consoleront de tous les maux, de tous les sacrifices qui ont pesé sur leur propre existence, au spectacle de la joie, du bonheur, du développement libre et spontané de ces chères créatures. Même, les femmes qui ont le malheur de n'avoir pas été mères, ou de ne l'être plus, participeront à cette joie. Aujourd'hui, chaque enfant appartient exclusivement à chaque mère; les femmes privées d'enfans, font un retour plus déplorable sur elles-mêmes, à la vue des joies des autres mères. En associations toutes les femmes coopérant aux soins et à l'éducation des enfans, et les ayant journellement sous les yeux, peuvent se faire illusion, et s'imaginer que toutes sont mères de tous, et que chacune de ces petites créatures confond ses mères adoptives dans un même sentiment de reconnaissance et d'amour.

En attendant le moment d'une réalisation, quel est dès aujourd'hui le rôle réservé aux femmes qui embrassent de cœur les doctrines d'association? Un seul rôle nous est réservé, et ce sera le plus sûr moyen d'arriver à l'accomplissement de nos vœux. Ce rôle, c'est de nous distinguer par les qualités spéciales à notre sexe, et la soumission à tous les devoirs qui nous sont prescrits par la morale et la religion ; c'est de réunir à la sévérité pour nous-mêmes, l'indulgence pour autrui ; c'est en nous faisant une loi rigoureuse de modestie et de pureté quant à nous, de compatir à toutes les fautes, de tendre la main à toutes les victimes, de les relever, de les consoler, de les secourir ; c'est de nous préserver de toute médisance, de toute haine, jalousie, rivalité ; c'est d'être véridiques dans nos relations, sincères dans nos paroles ; c'est de ne négliger aucune occasion de sacrifice, de dévouement ; c'est d'être tolérantes surtout pour les femmes ; c'est de nous entendre, nous harmoniser, et pour cela nous proposer un but commun, celui de tendre incessamment à l'amélioration des classes souffrantes, de nous unir de cœur à tous les malheureux, de nous fortifier dans les épreuves de l'état actuel, nous soutenant les unes les autres, accordant à tout repentir l'eau du baptême qui lave toute souillure, et travaillant sans relâche au bien d'autrui, et à notre propre perfectionnement.

Qu'un nombre de femmes se réunisse dans ces sentimens, et le monde sera transformé, tous les biens naîtront à la place de tous les maux, la vérité régnera sans partage sur la terre !

FIN.

TABLE DES MATIÈRES.

	Pages.
CHAPITRE Ier. De la vérité.	1
— II. Des femmes et des mœurs en civilisation.	36
— III. De la famille et de la propriété.	80
— IV. De l'association.	105
— V. De la réalisation. — Lien moral et religieux.	127
— VI. Caractère du phalanstérien.	159
— VII. Démonstration des économies et des bénéfices.	170
— VIII. Organisation du travail.	205
— IX. Législation, morale, devoir, religion.	283
— X. Éducation unitaire.	311
— XI. Des femmes et des mœurs en harmonie.	344
— XII. Régénération de la femme.	363

FIN DE LA TABLE.

www.ingramcontent.com/pod-product-compliance
Lightning Source LLC
Chambersburg PA
CBHW071853230426
43671CB00010B/1318